ESG
Environment Social Governance
不動産投資

八尾浩之
YAO HIROYUKI

幻冬舎 MC

ESG不動産投資

はじめに

今、不動産投資に新しい潮流が押し寄せてきています。それが「ＥＳＧ不動産投資」です。

「ＥＳＧ不動産投資」は「ＥＳＧ投資」と同じ考え方をベースにしており、ＥＳＧとはEnvironment（環境）、Social（社会）、Governance（ガバナンス）の略です。株式投資や年金運用の分野において、長期的に成長し続ける企業をＥＳＧの視点から選別して投資することを「ＥＳＧ投資」といいます。

これまでの株式投資や年金運用においては、ＰＬ（損益計算書）やＢＳ（貸借対照表）といった財務情報が重視されてきました。しかし、財務情報はあくまで過去の結果でしかなく、将来にわたって持続的、安定的に企業が成長するかどうかまでは分かりません。実際、目先の短期的な利益を優先し、環境やステークホルダーへの配慮を欠いた結果、さまざまなトラブルや不祥事を引き起こし、業績悪化や倒産につながったケースはいくつもあります。

そこで、企業経営におけるサステナビリティ（持続可能性）に着目する気運が高まり、気候変動などを踏まえた長期的なリスクマネジメントや新たな収益機会創出へのチャレンジを評価するためＥ（環境）・Ｓ（社会）・Ｇ（ガバナンス）に着目した「ＥＳＧ投資」が唱えられるようになったのです。

Ｅ（環境）では、二酸化炭素の排出量や廃棄物をどう削減するか、大気や水の汚染対策をどうするか、原材料やエネルギーなど資源の利用方法、生物多様性への配慮などが挙げられます。

Ｓ（社会）はかなり広い概念であり、地域コミュニティからグローバルまでさまざまなテーマがあります。最近では、新型コロナウイルス感染症対策や「人的資本経営」などが当てはまります。

Ｇ（ガバナンス）は、直接的には企業経営におけるコンプライアンス（法令遵守）や情報公開のことです。日本では上場企業に対して、東京証券取引所（日本取引所グループ）が「コーポレートガバナンス・コード」を定めています。

「ESG不動産投資」とは、こうした「ESG投資」の考え方を不動産投資の分野に適用したものです。不動産投資においてもこれまでは、インカムゲインやキャピタルゲインというリターンをいかに最大化するかが重要視されてきました。

しかし、そもそも不動産投資の本質は各種賃貸用建物の賃貸業であり、立地条件と顧客の動向、少子高齢化といった社会の環境変化、金利や景気などの経済情勢、さらには自然災害などに大きく左右されます。こうした不動産投資を取り巻くさまざまな要素・状況は今急速に変化しつつあり、また先行きが極めて不透明になっています。

20年後、30年後も安定して収益を上げ、市場価値が維持される物件をどのように選べばよいのかについて考えたときに、E（環境）・S（社会）・G（ガバナンス）の視点が重要になるのです。

不動産投資におけるE（環境）では、建物の省エネ性がまず挙げられます。省エネ性の高い建物は二酸化炭素の排出を抑えるだけでなく、居住環境、執務環境としても優れています。

不動産投資におけるS（社会）では、地域コミュニティとの関わりが重要です。例えば地域の景観への配慮や地域の伝統文化との関わりが考えられます。

不動産投資におけるG（ガバナンス）では、法令遵守は当然のこととして、顧客をはじめ関係者への説明責任が問われます。こうした取り組みを意識することで不確実性の高まるこれからの時代において、不動産投資で長期的に安定したリターンを確保できるのです。

私たちは京都を中心に、ワンルームマンションなどの投資用不動産を開発しているデベロッパーです。京都エリアではワンルームマンションの供給数トップを長年維持しています。京都は1000年以上の歴史をもつ日本の古都であり歴史の宝庫です。また、日本一厳しい景観保護のための建築規制があります。さらに、世界全体で取り組みが進む気候変動対策の原点となったCOP3が開催され京都議定書が採択された環境都市でもあります。

こうした京都で活動する不動産企業として、私たちはいちはやくESG不動産投資の意義と可能性に着目してきました。具体的な物件開発にESGの視点を取り入れるとともに、個人投資家、仲介不動産会社など関係者の皆さんにESG不動産投資の重要性を伝えています。

本書はＥＳＧ不動産投資の入門書であり、またバイブルとしてまとめたものです。多くの方たちにＥＳＧ不動産投資の重要性と可能性について、理解を深めるきっかけにしていただければ幸いです。

目次

第2章

「サステナビリティ」を追求する新たな観点
不動産投資における「E」「S」「G」の定義

第3章 金融機関の高評価、収益性の確保、環境負荷の軽減……「ESG」が不動産投資のメリットをさらに高める

第4章

省エネ基準を満たした建物、立地環境との親和性……ESG不動産投資を成功させるための条件

第5章 投資家の利益を担保し社会貢献を実現する ESG不動産投資が「当たり前」の時代に——

第1章

一過性のブームでは終わらない
グローバルに広がる「ESG投資」のうねり

1　ESG投資とは何か

2006年の「責任投資原則」がきっかけ

ESGとは、企業の長期的な成長に必要な3つの視点である環境（Environment）、社会（Social）、ガバナンス（Governance）のことです。これらに配慮している企業に優先的に投資するのがESG投資です。

株式をはじめとする企業への投資は主に資金活用の効率性や利益率、財務の安定性といった数値的な実績データを判断材料にして行われてきました。そのため損益計算書（PL）や貸借対照表（BS）、キャッシュフロー計算書といった定量的な財務情報が重要視されていたのです。

ESG投資ではそうした数値ベースの財務情報に加え、数値では表せない定性的な非財務的要素（ESG要素）も重視します。長期的な見通しを立てるうえでは、未来に起こり得る変化に対応できるかどうか、その過程でトラブルに発展することがないかといった要素が重要になりますが、それは財務実績だけでは判断できません。事業の内容や性質、パートナー企業の存在、経営判断の傾向など総合的な評価が必要になります。こうした視点で評価するうえで投資家が企業のＥＳＧへの配慮を重視するようになったことから、企業はより積極的な取り組み姿勢を示すことが求められるようになりました。

投資家がＥＳＧに注目するようになったきっかけは、２００６年に当時の国連事務総長コフィー・アナン氏のもとで国連環境計画・金融イニシアティブ（UNEP FI）および国際グローバル・コンパクト（ＵＮＧＣ）が「責任投資原則」（ＰＲＩ）を提唱したことです。

これは気候変動による環境破壊のリスクが高まるなか、企業活動に大きな影響を及ぼす投資家に影響力と責任の自覚を促し行動の変容を求めることで、持続可能な地球環境を実現しようという狙いのもとで打ち出されたものです。もともと特に欧米の機関投資家の間では、気候変動による異常気象の影響などが経営や投資をするうえで重大なリスクとなる

責任投資原則(PRI)

1. 私たちは投資分析と意志決定のプロセスにESGの課題を組み込みます。

2. 私たちは活動的な(株式)所有者になり、(株式の)所有方針と(株式の)所有慣習にESG課題を組み入れます。

3. 私たちは、投資対象の主体に対してESGの課題について適切な開示を求めます。

4. 私たちは、資産運用業界において本原則が受け入れられ、実行に移されるように働きかけを行います。

5. 私たちは、本原則を実行する際の効果を高めるために、協働します。

6. 私たちは、本原則の実行に関する活動状況や進捗状況に関して報告します。

出典：Principles for Responsible Investment「責任投資原則」

ことを懸念する傾向が広がっていたこともあり、多くの機関が賛同の署名を行いました。

また、この直後である２００８年にリーマン・ショックが起こり、短期的な利益を追求する投資への批判や反省が高まったこともその流れに拍車を掛けました。世界中の年金基金やファンドの運用機関など、責任投資原則への署名機関数は２０２０年11月時点で３４７０機関にのぼります。

責任投資原則はその冒頭で投資分析と意思決定のプロセスにＥＳＧの課題を組み込むことをうたっており、署名機関が増えることでＥＳＧと投資の将来性を結びつける認識が広がって、さらに署名機関が増えるという波が起こっています。この波がさらに広がれば、いずれはＥＳＧに配慮しない企業は投資の対象から除外されるということにもなりかねない状況です。

実際に、気候変動や人権問題への関心の高まりを背景にＥＳＧ投資への注目は年々拡大しています。ＥＳＧ投資で主導的な役割を果たしている世界持続的投資連合（ＧＳＩＡ）によると、２０２０年の世界のＥＳＧ投資額は35・３兆ドル（約３９００兆円）となり、

PRIの署名機関数と運用資産残高の推移

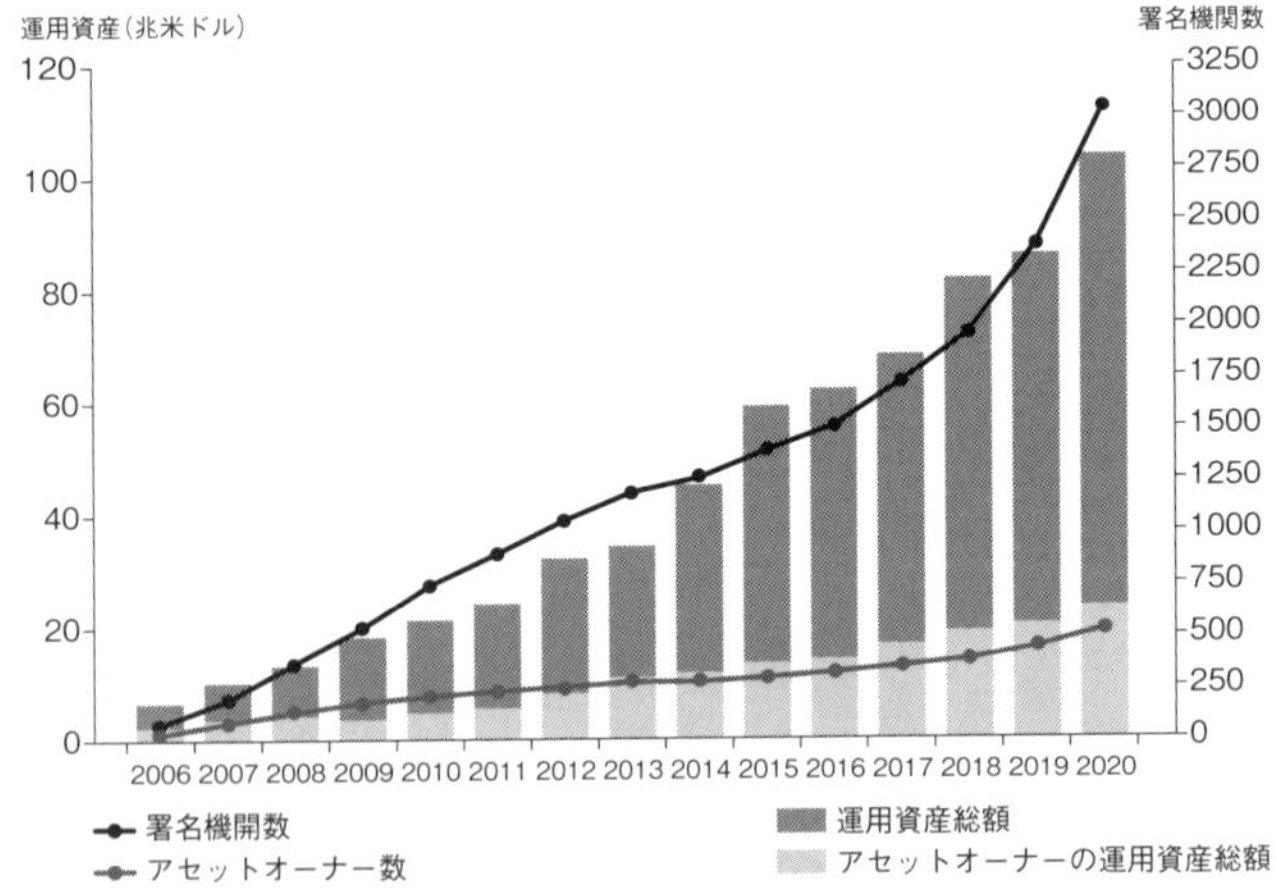

出典：Principles for Responsible Investment「責任投資原則」

18年と比べ15％増えました。全運用資産に占める比率は18年比2・5ポイント上昇して35・9％となっています。

日本では、責任投資原則自体が欧米的な考え方に基づいた方針であることや、ESGの評価基準が数字的データとして明確でなく投資家に受け入れられにくかったことなどから当初は反応が鈍かったのですが、世界的な投資傾向の変容に応じて近年急速に拡大を見せています。世界最大の年金基金として知られる年金積立金管理運用独立行政法人（GPIF）が2015年9月に責任投資原則に署名したほか、2020年11月時点で87の投資機関が賛同し、国内での投資残高は２０１６年の４７４０億ドルから２０２０年には2兆８７４０億ドルと大幅に増加しました。この急激な拡大は、日本もＥＳＧ投資時代に突入したと考えることができる明らかな変化です。

情報化が進み、経済のグローバル化が拡大し続ける現代では、欧米の動向を対岸の火事として眺めているわけにはいきません。企業経営も投資もＥＳＧの視点をもち、優先順位を上げて取り組む時代に変わっているといえます。環境や人権の問題は、余裕のある企業がプラスアルファで取り組むものではなく、リスク管理としてもビジネスチャンスにつなげるという意味でも、中核的な要素となっているのです。

ＥＳＧ投資とＳＤＧｓの関係

責任投資原則は企業経営と投資の方向性をＥＳＧに向けさせることを目的としたものですが、その後、国家から個人まで幅広い対象に対して世界の持続可能性の実現を求めて打ち出されたのが、２０１５年の国連サミットで採択されたＳＤＧｓ（Sustainable

Development Goals：持続可能な開発目標）です。

　こちらは2030年までに世界が達成すべき目標のことで、「貧困」「飢餓」「不平等」「気候変動」など17のゴールを掲げています。ESGが投資家など一部の人々を対象としていたのに対し、SDGsは「誰一人取り残さない」という意思のもと、より幅広く訴えかけられ、いまや世界の大きな潮流となっています。

　この17のゴールはESG投資の考え方に重なる部分が非常に多く、結果としてESG投資の拡大を後押しする役割も果たしたといえます。ビジネスに携わる人間だけでなく、圧倒的多数の消費者が持続可能な世界の実現への関心を高めていくとなれば、そのインパクトを無視するのは難しくなります。SDGsは、従来の評価基準に固執してESGに懐疑的だった層にとって方針を転じざるを得ない一つの転換点となりました。日本で急速にESG投資が拡大し始めたのがちょうどこの時期と重なるのは、偶然ではないはずです。

　このように、ビジネスの問題であるESGと密接に結びついている以上、SDGsはただのお題目とはいえません。人権、環境、平和など利益に直接結びつくイメージの薄かった要素が、経営をゆるがすことがあり得る世の中になっているのであり、投資家も消費者もインターネットやＳＮＳを通じて企業のＳＤＧｓに対する姿勢を監視している時代なのです。

コンプライアンスの軽視から一人が犯したつまらないイタズラがＳＮＳで拡散して企業全体の信頼を失墜させるとか、日本人の感覚ではたいしたことはないと思えたテレビ番組やＣＭの表現が、海外で差別的だと批判を浴びてスポンサーが出資や広告を取り下げるということは、もはや想像できない特殊な話ではありません。長らく地域のなかで暗黙の了解だった地元企業の環境汚染が一夜にして世界中に露見することもあれば、紛争鉱物（紛争地域で採掘された鉱物資源）を使用していた製品が、別の地域の紛争が話題になった余波でにわかに注目され、批判されて製造中止に追い込まれることもあり得ます。

ＥＳＧおよびＳＤＧｓに配慮しない企業は潜在的なリスクを抱えているとみなされるのであり、今後その傾向はますます広がっていくはずです。

目標11　**【持続可能な都市】**包摂的で安全かつ強靭（レジリエント）で持続可能な都市および人間居住を実現する

目標12　**【持続可能な消費と生産】**持続可能な消費生産形態を確保する

目標13　**【気候変動】**気候変動およびその影響を軽減するための緊急対策を講じる

目標14　**【海洋資源】**持続可能な開発のために、海洋・海洋資源を保全し、持続可能な形で利用する

目標15　**【陸上資源】**陸域生態系の保護、回復、持続可能な利用の推進、持続可能な森林の経営、砂漠化への対処ならびに土地の劣化の阻止・回復および生物多様性の損失を阻止する

目標16　**【平和】**持続可能な開発のための平和で包摂的な社会を促進し、すべての人々に司法へのアクセスを提供し、あらゆるレベルにおいて効果的で説明責任のある包摂的な制度を構築する

目標17　**【実施手段】**持続可能な開発のための実施手段を強化し、グローバル・パートナーシップを活性化する

SDGsにおける17のゴール

目標1　**【貧困】**あらゆる場所あらゆる形態の貧困を終わらせる

目標2　**【飢餓】**飢餓を終わらせ、食料安全保障および栄養の改善を実現し、持続可能な農業を促進する

目標3　**【保健】**あらゆる年齢のすべての人々の健康的な生活を確保し、福祉を促進する

目標4　**【教育】**すべての人に包摂的かつ公平な質の高い教育を確保し、生涯学習の機会を促進する

目標5　**【ジェンダー】**ジェンダー平等を達成し、すべての女性および女児のエンパワーメントを行う

目標6　**【水・衛生】**すべての人々の水と衛生の利用可能性と持続可能な管理を確保する

目標7　**【エネルギー】**すべての人々の、安価かつ信頼できる持続可能な近代的なエネルギーへのアクセスを確保する

目標8　**【経済成長と雇用】**包摂的かつ持続可能な経済成長およびすべての人々の完全かつ生産的な雇用と働きがいのある人間らしい雇用（ディーセント・ワーク）を促進する

目標9　**【インフラ、産業化、イノベーション】**強靭（レジリエント）なインフラ構築、包摂的かつ持続可能な産業化の促進およびイノベーションの推進を図る

目標10　**【不平等】**国内および各国家間の不平等を是正する

出典：外務省国際協力局「持続可能な開発目標（SDGs）と日本の取組」

2 ＥＳＧ投資は具体的には何をするのか

ＥＳＧ投資の企業評価はガバナンス重視

ＥＳＧ投資は、そもそも数字データになりにくい部分に注目して評価・判断するものですから、情報を統一した規格に収めることは困難です。投資家が個別に企業にアンケートを行ったり、企業ごとに開示している情報を集めて分析したりするのは現実的ではありません。そのため、ＥＳＧ投資を行う場合、第三者的な立場の評価機関が算出したＥＳＧスコアを参照し、参考にする方法が採られています。評価機関が各企業のＥＳＧ情報を収集し分析して数値化し、そのスコア情報を投資家が購入して活用するのです。

この方法については、企業、評価機関、投資家の間に統一された明確な基準がないため、スコアの信頼性に課題があることが指摘されています。企業が提示する情報にばらつきがあったり、重視する項目の違いで同じ企業のスコアが評価機関ごとに大きく異なったりす

投資家が投資判断で最も重視するESG項目

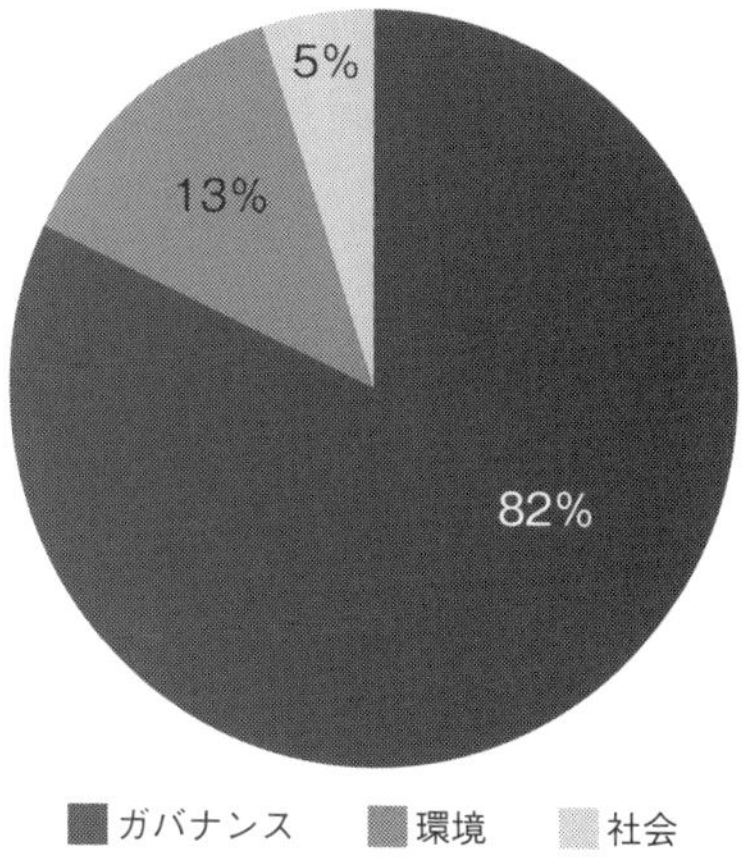

出典：Russell Investments「2020 Annual ESG Manager Survey」

るのです。

そのため、ＥＳＧ投資を行うにあたっては、まずその企業のおおまかな傾向をとらえて判断の基準を押さえておくことが重要になりますが、なかでも特に重視されるのがＧ（ガバナンス）です。年金基金やファンドなどの機関投資家はＥＳＧ投資においてガバナンスを最も重視しています。

これは従来のＥＳＧ投資が基本的にリスク回避を重視していたことを示しています。企業経営では、ガバナンスが不十分なために業績に致命的なダメージを与えることを防ぐことがまず優先されてきたのです。環境要因も社会要因も同様に業績に影響するのですが、ガバナンスはいわば100％その企業の内部的要因ですから、最も確実にコントロールすべきものであり、そのため判断の第一のポイントとされてきたのです。

日本では東京証券取引所が上場企業を対象に、コーポレートガバナンス・コードを定めています。これは、上場企業が進める企業統治（コーポレートガバナンス）におけるガイドラインとして参照すべき原則・指針を示したものです。法律のようにすべてを一律に遵守する義務はないものの、実施しない場合はその理由を株主などに十分に説明しなければなりません。

なお、世界持続的投資連合（GSIA）ではESG投資の具体的な手法として次ページの図表の7つを挙げています。1から6は投資ポートフォリオをつくるための手法、7は投資前後に投資（候補）先企業へ働きかける手法とされます。これらの投資手法は重複して用いられることもよくあります。

ESG投資の７つの手法(サステナブル戦略)

1. ネガティブ・スクリーニング	ESG手法のなかでは最も歴史の古い手法で広く普及している。武器、ギャンブル、たばこ、アルコール、原子力発電、ポルノなど倫理的でないと定義される特定の事業から収益をあげる企業を投資先から除外する戦略。
2. ポジティブ・スクリーニング	同種の業界、あるいは投資対象のなかでESG関連の評価が相対的に高い企業に投資する戦略。ESG評価の高い企業は中長期的に業績が高くなるという発想に基づく手法。
3. 規範に基づくスクリーニング	ESG分野での国際基準に照らし合わせ、その基準をクリアしていない企業を投資先リストから除外する手法。人権問題や環境問題、汚職などの問題に関与した不祥事企業を除外することで国際社会のルールに則したポートフォリオを構築する。
4. ESG統合	最も広く普及しつつある手法で、投資先選定の過程で、従来考慮してきた財務情報だけでなく非財務情報も含めて分析する戦略。特に年金基金など長期投資性向の強い資金を運用するファンドなどが、将来の事業リスクや競争力などを図るうえで積極的に非財務情報（ESG情報）を活用し市場平均を上回るリターンを目指して用いられることが多い。
5. サステナブル・テーマ投資	再生可能エネルギー、持続可能な農業、男女同権、多様性など、サステナビリティに貢献し得る投資テーマや企業に投資する戦略。
6. インパクト投資	社会・環境に貢献する技術やサービスを提供する企業を投資対象とし、投資収益に加えて社会や環境に測定可能なポジティブ・インパクトを与えることを目的とする投資手法。
7. エンゲージメント・議決権行使	株主として企業に対しESGに関する案件に積極的に働きかける投資手法。株主総会での議決権行使、日常的な経営者へのエンゲージメント、情報開示要求などを通じて投資先企業に対してESGへの配慮を促す。

出典：野村アセットマネジメント「野村アセットマネジメントのESG運用戦略」

ESGは手段であり目的ではない

経営の視点に立つと、ESGやSDGsという概念はともすると「〜しなければならない」「〜でなければならない」といった縛りのように感じられる面もあります。しかし、本来はそういった規律・規制のようなものではありません。これまでは無視できたような小さな変化が大きな影響力をもち得るグローバルな情報化社会で、リスクへの考え方を改めることはどの企業にとっても重要であり、その方向性を示す指標として活用できるものだというとらえ方をすべきです。この指標に基づいて既存事業に方向性を加えることで、リスクを嫌う投資家に安定性を示すことができるわけです。そういう意味で、ESGは経営者にとっても投資家にとってもいわば手段・ツールにすぎません。

実際、ESGに積極的とされる企業の株価の推移を見ると必ずしも一本調子で上昇しているわけではありません。その時々の業績や市場環境に左右される部分もあります。ただし、ESG投資で広く活用されている「MSCIジャパンESGセレクト・リーダーズ指数」を見る限り、市場全体の指数を上回るパフォーマンスを出していることは確かであり、

「MSCIジャパンESGセレクト・リーダーズ指数」の動き

MSCIジャパンESGセレクト・リーダーズ指数：親指数(MSCIジャパンIMI指数)構成銘柄のなかから、親指数における業種分類の時価総額50%を目標に、ESG評価に優れた企業を選別して構築される指数。
MSCIジャパンIMI指数：日本に上場する大・中・小型株を対象にしたインデックス。現在1220銘柄が採用されており、日本株市場の約99%をカバーしている。

出典：MSCI「MSCIジャパンESGセレクト・リーダーズ指数」「MSCI指数ハンドブック」

まったく顧みないというわけにはいかない状況なのです。

とはいえ新しい規則を押しつけられたような感覚でＥＳＧの体裁を取り繕うことでかえって、既存事業のバランスを崩したり、従業員の負担をむやみに増やすようなことになったりしては本末転倒です。まずは、中長期的にリスクを抑えていくということが必要であり、本来の意味と目的を理解し、投資獲得のチャンスにつなげるべく活用しようという発想が必要です。

ＥＳＧ投資への批判について

一方、単にＥＳＧの体裁を取り繕っただけで実質的な効果をもたないものに対して高いＥＳＧ評価が行われているという指摘はたびたびされており、グリーンウォッシュ、ＥＳＧウォッシュなどと呼ばれＥＳＧ投資批判のやり玉に挙げられています。これはＥＳＧ投資の本来の目的である中長期的なリスク抑制とは正反対の、一過性の流行に乗って目先の利益を求めるやり方であり、これがこの先もまかり通るのであればＥＳＧ投資という考え方そのものが崩壊しかねません。

とはいえ、営利団体である企業に単に善意や倫理観を押しつけるのには限界があります。損得で考えてもESGに配慮する取り組みは不可欠なのだと納得させられるレベルにまでESG投資そのものが洗練されていく必要がまだあるということです。

ESG投資は長期的な目線で将来に備えることを主眼においたものですが、その考え方の基準となるものが時代によって変化し得るため長期的に固定されないという矛盾を内包しており、これについても議論が絶えません。ESGやSDGsの観点にかなうか否かという判断は、環境や国際状況、それによる大勢の意識などによって左右され続けるからです。

例えば、ESGのS（社会）、SDGsの目標16「平和」の観点からすれば、軍需産業への投資は消極的に考えるべきだということで、スウェーデンの金融大手SEBは2021年に自社ファンドの投資対象から軍需関連企業の株式を排除することを決めました。しかし、ロシアによるウクライナ侵攻を転機に欧州の安全保障を重視するという理由で2022年4月以降は軍需産業への投資を認めることにしました。「平和な世界を維持するために社会的な責任を果たす投資」の内容が、180度転換したのです。

同様のことが原子力発電をとりまくエネルギー産業の分野でも起こっており、ESG評価の恣意性が疑問視されています。結局のところ、一部の人間が損をしないためだけに必要なお題目だというような批判がその都度展開されるのです。

「良いこと」と利益を重ねることで、利益を求める人々を「良い」方向に誘導しようというESGの構造が、「良い」の基準が多様であるために成り立たないのです。ただこれについては、必ずしもESG投資固有の欠陥だとは言い切れません。ほかの多くの問題と合わせて、人類全体がより良い国際関係を構築していくなかで向き合っていかなければならない問題です。

投資や企業経営とESGの両立

ESG投資への批判を巡っては、投資や企業活動と環境保全や持続可能な社会の実現を対立的にとらえて、どちらが大事なのかといった議論になることがあります。

しかし、そうした二者択一的な議論になること自体が、ＥＳＧ投資への理解の薄さを表しています。公害を引き起こした企業は社会的信用を失っただけでなく訴訟で多額の補償をしなければなりませんでしたし、サブプライムローンで荒稼ぎを目論《もくろ》んだ末に起きたリーマン・ショックは世界中に損害の連鎖を巻き起こしました。社会的責任やリスクを顧みず目先の利益を求めることが現代の資本主義ではもはや通用しないというのは、事実だと断言して差し支えありません。

また、経営者の発想として、こうした新しい潮流を障害とみなすのは貧しい考えだと私は思います。これまでの経営になかった視点が新たに加えられることや、それを投資家や消費者が注視しているということは、事業を成長させるための絶好の手掛かりとすべきです。

私に関していえば、京都という景観規制の厳しい歴史的な都市で不動産開発に携わる身として、さまざまな法令や周囲との調整が決して障害にならなかったわけではありませんが、私はそれをチャンスととらえ、開発の方向性を見定める好材料として活かしてきました。そしてそれを評価し、京都での開発として望ましいと支持してくれる人たちが背中を押してくれています。

この発想は決して私独自のものではありません。世界中の非常に多くの経営者や投資家がそうした視点をもっているからこそ、ＥＳＧ投資は多くの解決困難な批判があるにもかかわらず拡大を続けているのだと思います。保守的だといわれがちな日本人ですが、もはや守っているだけでは取り残されてしまうということを受け入れ、発想を転じていかなければなりません。

第2章

「サステナビリティ」を追求する新たな観点
不動産投資における「E」「S」「G」の定義

1　不動産分野におけるESG投資のあり方

国連の「責任不動産投資戦略」が原点

ESG投資の考え方はすでに、不動産投資の分野にも取り入れられてきています。

2006年に国連が提唱した「責任投資原則」を受けてUNEP FIの不動産ワーキンググループ（PWG）が翌2007年、責任投資原則を不動産投資に適用する考え方として「責任不動産投資（RPI）」を発表しました。

RPIは不動産のライフサイクル全般でサステナビリティを追求しようとするものです。具体的には10カ条からなるRPI戦略が提唱され、不動産の運用に際しては通常の金融上の目標に加えてESGへ配慮することが必要であり、法律上の最低限の要請にとどまらずに不動産環境的・社会的なパフォーマンスを改善することが求められています。

責任不動産投資(RPI)戦略の10カ条

1. 省エネルギー（省エネルギーのための設備改良、グリーン発電およびグリーン電力購入、エネルギー効率の高い建物など）
2. 環境保護（節水、固形廃棄物のリサイクル、生息地保護など）
3. 自発的認証制度（グリーンビルディング認証、認証を受けた持続可能な木材による仕上げなど）
4. 歩行に適した都市整備（公共交通指向型都市開発、歩行に適したコミュニティ、複合用途開発など）
5. 都市再生と不動産の利用変化への柔軟性（未利用地開発、柔軟に変更可能なインテリア、汚染土壌地の再開発など）
6. 労働者福祉（構内託児所、広場、室内環境のクオリティー、バリアフリーデザインなど）
7. 企業市民（法規の遵守、持続可能性の開示と報告、社外取締役の任命、国連責任投資原則のような任意規約の採択、ステークホルダーとの関わりなど）
8. 社会的公正性とコミュニティ開発（低所得者向け住宅供給、コミュニティの雇用研修プログラム、公正な労働慣行など）
9. 安全衛生（敷地内の保安、自然災害の防止策、救急対応の備えなど）
10. 地域市民としての活動（質の高いデザイン、近隣への影響の極小化、地域に配慮した建設プロセス、コミュニティ福祉、歴史的な場所の保護、不当な影響の排除など）

出典：UNEP—FI「Responsible Property Investing What the leaders are doing」

不動産とＥＳＧ投資の親和性

そもそも不動産は、それ単体で価値が決まる資産ではありません。規模や構造、用途にかかわらず、立地するエリアや周辺環境に大きく左右されるため、地域との関係が極めて重要です。

入居者にとっては住む部屋と同じくらい周辺環境は大切ですし、周辺住民にとってもその建物や住人が地域に及ぼす影響を無視できません。騒音、悪臭、日照といった比較的把握しやすい問題に加え、通学路の安全性やごみの出し方のルールなど生活面でトラブルにつながりがちな諸要素もリスク要因になり得ます。また、地盤沈下や浸水は施工法など人為的な要因によって引き起こされるものであっても、地震や大雨といったなんらかの災害が起きるまでは危険性の存在すら指摘されない場合があります。こうしたことはすべて、不動産の価値判断としては数字に表れにくい部分であるといえ、不動産の扱いがＥＳＧ的な視点抜きに成り立たないということは、今に始まったことではありません。

また、ほかの投資に比べると不動産投資はもともと中長期での利益を安定確保するスタンスのものですから、その点においても長期的な視点でのリスク抑制を目的とするESG投資との親和性は高いといえます。

しかし、ESG要素がリスク要因になり得ることは知られていながら、これまでの不動産投資では、投資家が積極的にESGへの配慮を働きかける行動を起こすということにはつながってきませんでした。むしろ、投資家、デベロッパー、建設会社、入居者などそれぞれの立場が相反し、「責任の堂々巡り」と呼ばれるような状況を生み出していたのです。改善すべき問題が物件に見つかっても、誰が主導して動くのか牽制《けんせい》しあうような状態となり、解決に向かわないのです。

こうしたことは、企業を対象とした事業投資などではあまり問題になりません。年金基金やファンドなどの機関投資家と投資対象である上場企業のいわば1対1の関係がメインですから、構造がシンプルなのです。機関投資家から資金を預かる運用会社もその投資判断は基本的に機関投資家の指示に基づきます。

建築物の環境負荷改善を巡る責任の堂々巡り

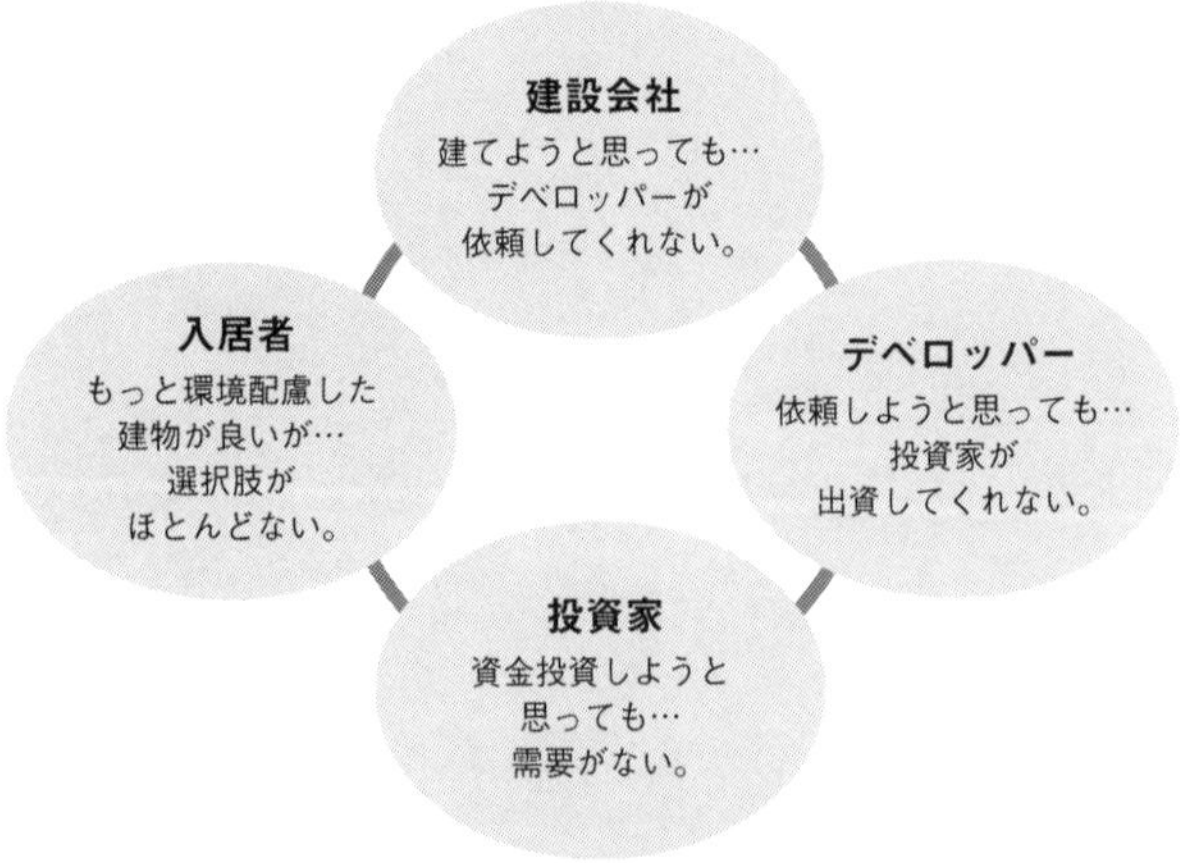
建設会社
建てようと思っても…
デベロッパーが
依頼してくれない。
デベロッパー
依頼しようと思っても…
投資家が
出資してくれない。
投資家
資金投資しようと
思っても…
需要がない。
入居者
もっと環境配慮した
建物が良いが…
選択肢が
ほとんどない。

出典：UNEP—FI「Responsible Property Investing What the leaders are doing」

不動産取引における「責任の堂々巡り」については、責任不動産投資戦略を提唱したUNEP FIの不動産ワーキンググループ共同議長であるポール・マクナマラ氏が明確に指摘しています。彼は、不動産業界における投資家、入居者、建設会社、デベロッパーが互いに責任をなすりつけあっている問題について、投資家がそれを打破するための重要な役割を果たすことができるという発信を行いました。

ESG投資の発想を不動産に当てはめるうえでは、やはり投資家のイニシアティブがポイントになります。投資家がESGへの配慮が厚い物件を優先すれば、リスク要因が抑えられて資産の安全性が高まり長期的なリターンが確保できるだけでなく、不動産業界全体が安定性を増すことにつながっていくのです。

投資家の目的は当然、投資によってリターンを得ることです。不動産投資でのリターンは基本的に賃料収入（インカムゲイン）と将来の売却益（キャピタルゲイン）の合計です。結局、物件を取り巻く状況に最も利害を左右される当事者として投資家自身が物件のリスク要因を判断することが大切であり、そのための指標がＥＳＧに集約されているというわけです。

2 日本におけるＥＳＧ不動産投資への取り組み

不動産鑑定評価もＥＳＧを考慮する方向に

日本でのＥＳＧ不動産投資への取り組みとしては、非住宅系のオフィスビル・商業施

ESG配慮に関する動きは急であるため、不動産鑑定士は、ESGに関する「リテラシー」を高め、価格形成要因としてのESG要因、最有効使用の判定、収益還元法などの評価手法の中でどのように反映しうるかについて、鑑定評価を意識して検討していく必要がある。不動産鑑定士は当面、（E）項目では、気候変動に関して、省エネ性能や再生エネルギーの使用等、（S）項目では、健康性、快適性、安全性への配慮等、（G）項目では、プロパティマネジメント、ファシリティマネジメント等に注目し、少なくとも対象不動産における不動産関連の認証評価の取得の有無については、できる限り情報を入手するよう努めることが望ましい。

出典：国土交通省「不動産鑑定評価におけるESG配慮に係る評価に関する検討業務報告書」（2021年３月）

設・倉庫・物流施設などから進んでいます。具体的には、Ｊ－ＲＥＩＴ（日本版不動産投資信託）や機関投資家、ファンドでＥＳＧに配慮した投資の意思決定が浸透しつつあります。

例えば、２０２０年７月に日本経済新聞社が日経ＥＳＧ－ＲＥＩＴ指数の算出を開始し、同年９月には上場インデックスファンド日経ＥＳＧリートが東京証券取引所に上場しました。

国土交通省ではオフィスビル（自社ビル・賃貸ビル、新築・既存）を対象に、環境負荷の低減だけでなく、執務環境の改善、知的生産性の向上、優秀な人材確保などの観点から、働く人の健康性、快適性などに優れた不動産の認定制度について検討中といいます。

こうした動きを受けて、国家資格者である不動産鑑定士が行う不動産鑑定評価でも現在、ESGを考慮することが検討されています。

将来的にはESG評価が高い物件が市場でも高く取引される時代になることが予想されます。

住宅ではZEH（ゼッチ）がキーワード

不動産でのESGへの取り組みは住宅分野でも進んでいます。

例えば、国土交通省、経済産業省、環境省では2015年、「2020年までにハウスメーカー等が新築する注文戸建住宅の半数以上でネット・ゼロ・エネルギー・ハウス（ZEH）の実現を目指す」という「ZEHロードマップ」を策定し、補助金を導入するなどその普及に向けた取り組みに力を入れています。

改正建築物省エネ法の概要（住宅について）

住宅

<table>
<tr><th></th><th>改正前</th><th>改正後</th></tr>
<tr><td>大規模
（2,000㎡以上）</td><td rowspan="2">届出義務</td><td>届出義務</td></tr>
<tr><td>中規模
（300㎡以上
2,000㎡未満）</td><td>審査手続きの合理化を通じて、指示・命令等の監督の実施を重点化</td></tr>
<tr><td>小規模
（300㎡未満）</td><td>――</td><td>説明義務</td></tr>
<tr><td>住宅
TR制度
※</td><td>建売住宅
※住宅トップランナー制度
大手住宅事業者を対象にトップランナー基準（省エネ基準を上回る基準）の達成を誘導する制度</td><td>建売住宅
注文住宅
賃貸アパート
対象拡大</td></tr>
</table>

出典：国土交通省「令和元年改正建築物省エネ法について」

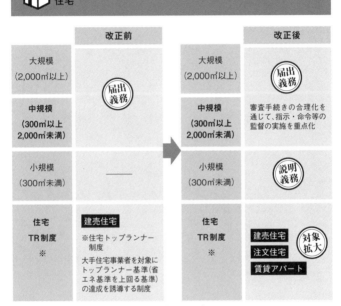

その結果、２０２０年にハウスメーカーが新築した注文戸建住宅のうち約56％がＺＥＨとなっており、近年はＺＥＨの対象をマンションやアパートに広げています。

さらに２０２１年10月に閣議決定された第６次エネルギー基本計画では、「２０３０年度以降新築される住宅について、ＺＥＨ基準の水準の省エネルギー性能の確保を目指す」とされました。

改正建築物省エネ法により戸建てなど３００平方メートル未満の住宅についての説明義務（建築士から建築主に対する説明義務）が２０２１年から新たに導入されたり、２０１９年からは住宅トップランナー制度の対象が建売住宅のほか注文住宅や賃貸アパートに広げられたりもしています。

3　ＥＳＧ不動産投資における「Ｅ」「Ｓ」「Ｇ」の意味

不動産分野におけるＥＳＧ投資の枠組み

このように不動産分野におけるＥＳＧ投資の取り組みは着実に進んできています。

不動産分野でのＥＳＧ投資の枠組みは、一般的には、省エネルギー性能の向上や再生可能エネルギーの活用などの「Ｅ（環境）」と、健康性・快適性の向上や災害への対応などの「Ｓ（社会）」については、個別不動産レベルでの取り組みがメインとなります。

これに対して、情報開示や透明性・内部統制の確保などの「Ｇ（ガバナンス）」については建築主や投資家レベルの取り組みがメインとなります。

これを国連が掲げる17のＳＤＧｓ（持続可能な成長目標）と関連づけて示したのが次の図表です。

不動産へのESG投資の枠組み（ESG投資とSDGsの関係の例）

不動産分野におけるESG投資の対象となる開発・運用の取り組み例

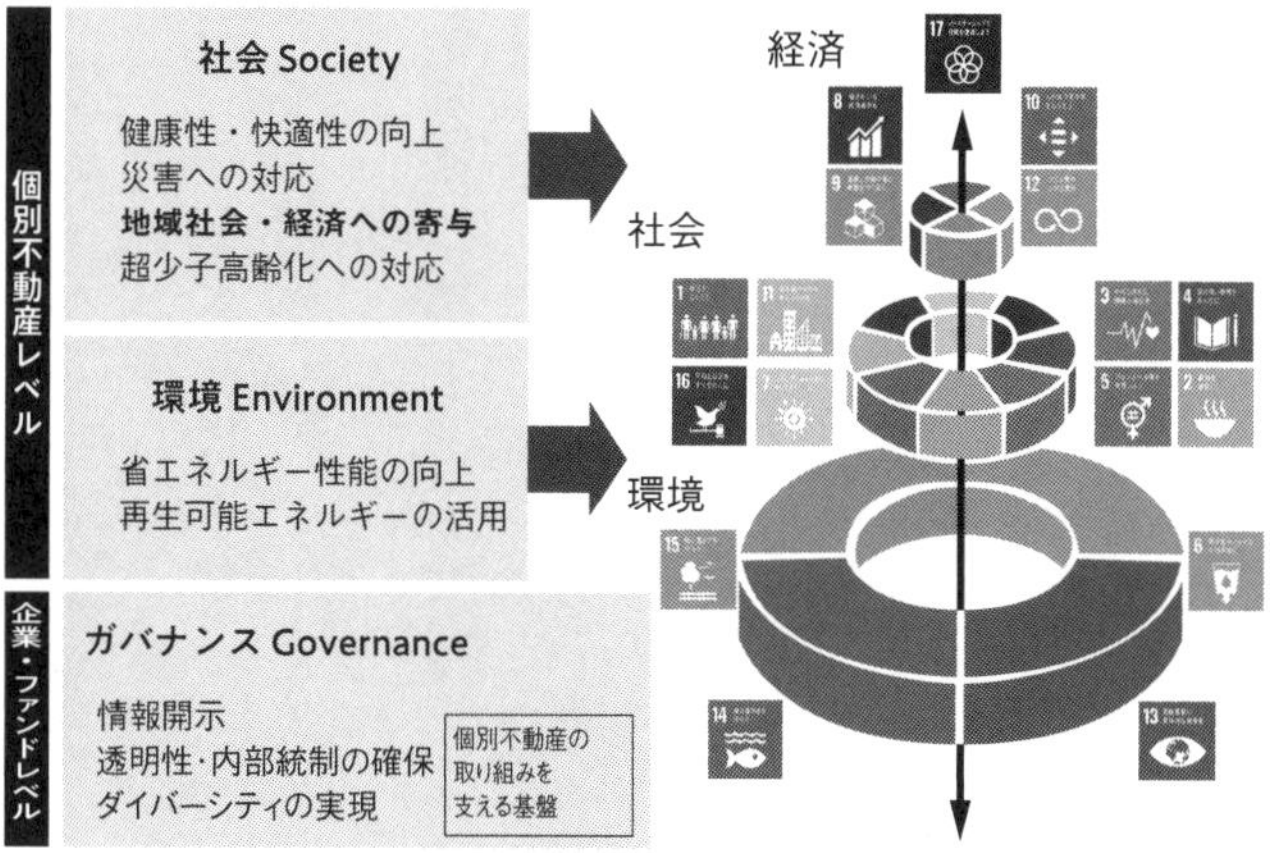

出典：国土交通省「ESG不動産投資のあり方検討会中間とりまとめ（資料編）」

図の右側は「ＳＤＧｓウエディングケーキモデル」と呼ばれるもので、ＳＤＧｓの目標17【実施手段】をケーキの頂点として、その下にある３つの階層「経済」「社会」「環境」によって構成されています。階層の並び方はそれぞれ意味があり、「経済」の発展は生活や教育などの社会条件によって成り立ち、「社会」はその下の「環境」、つまり人々が生活するために必要な自然の環境によって支えられていることを表しています。

ＥＳＧとの関連では、「Ｇ（ガバナンス）」は投資主体の役割でありＳＤＧｓと直接の関係は比較的薄いといえます。

一方、「E（環境）」はSDGsウエディングケーキモデルの「環境」と重なり、「S（社会）」は「社会」および「経済」と重なります。

ESG不動産投資はとりわけ社会、経済と深い関わりがあることが分かります。

ESG不動産投資におけるE（環境）の基準

日本での省エネルギーに関する法律は、1979年に施行された「エネルギーの使用の合理化等に関する法律（省エネ法）」が最初です。省エネ法ではさまざまな分野で目指すべき省エネルギーの基準（省エネ基準）を定めており、これまで何度か改正・強化されてきました。

2013年に見直された住宅・建築物の省エネルギー基準では、建物全体の省エネ性能を分かりやすく把握できる指標として一次エネルギー消費量を採用しました。

一次エネルギーとは、火力・水力・原子力・太陽光など、自然から得られるエネルギーで、一次エネルギーを変換・加工して利用しやすい形にした都市ガスや電気が二次エネル

これまでの省エネ基準の種類と概要

名称	制定時期	概要
旧 省エネ基準	1979年	気象条件によって全国を6つの地域に区分し、地域ごとに断熱性、日射遮蔽性などに関する基準を規定。
新 省エネ基準	1993年	各構造の断熱性能を強化するとともに、地域で気密住宅を適用。
次世代 省エネ基準	1999年	躯体断熱性能を強化するとともに、全地域を対象に気密住宅を前提とし、計画換気、暖房設備などの規定を導入。
平成25年 省エネ基準	2013年	外壁や窓といった外皮の断熱性能の評価に加え、設備や建物全体の省エネ性を評価する「一次エネルギー消費量基準」(冷暖房や照明等設備機器などの消費エネルギー)を新たに導入。
平成28年 省エネ基準	2015年	建築物省エネ法における住宅の省エネ性能の評価において、「一次エネルギー消費量基準」とともに「外皮性能基準」(窓や外壁などの外皮の断熱性能)を用いることにした。

ギーです。住宅で実際に消費する一次エネルギー量を計算する際は、空調や冷暖房設備、給湯設備などの機器類が消費するエネルギーを合算して算出します。

さらに２０１５年に「建築物のエネルギー性能の向上に関する法律（建築物省エネ法）」が成立し、住宅・建築物の省エネルギーについては建築物省エネ法によってコントロールすることになりました。大規模な新築の建築物には省エネ基準への適合が義務化され、売買・賃貸時には省エネ性能を示すよう努力義務が課せられました。

そして現在、住宅での環境配慮の目安となっているのがＺＥＨです。「室内外の環境品質を低下させることなく、高断熱外皮、高性能設備による可能な限りの省エネルギー化と再生可能エネルギーの導入により、年間での一次エネルギー消費量が正味（ネット）でゼロ、またはおおむねゼロとなる住宅」のことです。

政府は２０１５年12月、ハウスメーカーなどが２０２０年までに新築する注文戸建住宅の半数以上で、また２０３０年までにすべての新築住宅でＺＥＨの実現を目指すという目標を掲げています。なお、ＺＥＨには表のようにいくつかの種類が設けられています。

ＺＥＨのほかにも環境対応を中心にしたＥＳＧ関連の認証制度がいくつかあります。

ZEHの種類

ZEH	一般的なZEH(一定以上の断熱性能・一次エネルギー消費量20%以上削減・再生可能エネルギー導入100%以上)。
Nearly ZEH	断熱性能・省エネ性能はZEHと同等で、太陽光発電の創エネが75%以上導入。
ZEH Oriented	断熱性能・省エネ性能はZEHと同等で、太陽光発電なし。
ZEH＋	一般的なZEHの条件をクリアすることと、一次エネルギー消費量25%以上削減、さらに決められた高性能機器を導入すること。
次世代 ZEH＋	ZEH＋の条件をクリアすることと、蓄電システムや燃料電池などの追加選択要件を1つ以上導入すること。

ESG関連の不動産認証制度

BELS（ベルス）	Building-Housing Energy-efficiency Labeling Systemの略。2016年4月から「建築物省エネ法」で不動産事業者などは建築物の省エネ性能を表示するように努めることが求められており、具体的な表示方法がガイドラインに定められている。BELSはこのガイドラインに基づく第三者認証制度を指す。
DBJ Green Building 認証	環境・社会への配慮がなされた不動産(「Green Building」)を支援するために、2011年4月に日本政策投資銀行が創設した認証制度。対象物件の環境性能に加えて、防災やコミュニティへの配慮などを含むさまざまなステークホルダーへの対応を含めた総合的な評価に基づき、社会・経済に求められる不動産を評価・認証する。
LEED（リード）	米国グリーンビルディング協会（USGBC:US Green Building Council）が開発、運用を行っている建物と敷地利用についての環境性能評価システム。省エネと環境に配慮した建物・敷地利用を先導するシステムということで、Leadership in Energy and Environmental Designと名付けられ、頭文字をとりLEEDという名称で呼ばれる。世界各国で認証実績があり、世界で最も著名な認証制度の一つとして知られている。

ESG関連の不動産認証制度

CASBEE（キャスビー）	CASBEE（建築環境総合性能評価システム）は国土交通省住宅局の支援のもと産官学共同プロジェクトとして開発された、省エネなどの環境配慮や室内の快適性、景観への配慮など建物の総合的な環境性能を評価する認証システム。評価認証は一般財団法人住宅・建築SDGs推進センター（IBEC）が認定した第三者機関が行う。CASBEEの評価認証制度には、評価ツールの種別により以下の５つがある。
①CASBEE 建築評価認証	延べ面積が300㎡以上の建築物であり、かつCASBEE-建築（新築）、CASBEE-建築（既存）、CASBEE-建築（改修）のいずれかの評価ツールで評価されたもの。
②CASBEE 戸建評価認証	戸建住宅を対象としたCASBEE-戸建（新築）という評価ツールで評価されたもの。
③CASBEE 不動産評価認証	竣工後１年以上経過した建物を対象としたCASBEE-不動産という評価ツールで評価されたもの。
④CASBEE ウェルネスオフィス評価認証	オフィスビルを対象としたCASBEE-ウェルネスという評価ツールで評価されたもの。
⑤CASBEE 街区評価認証	街区単位のプロジェクトを対象としたCASBEE-街区という評価ツールで評価されたもの。

出典：国土交通省「不動産鑑定評価におけるESG配慮に係る評価に関する検討業務報告書（2021年3月）」、IBECs「CASBEE評価認証制度」をもとに作成

ＥＳＧ不動産投資におけるＳ（社会）の基準

ＥＳＧ不動産投資でのＳ（社会）の基準としては、次の４つが中心となります。

①健康性・快適性の向上
②災害への対応
③地域社会への寄与
④高齢化への対応

不動産が立地する地域の特性はさまざまであり、それぞれの地域特性に合わせた取り組みを行うことが前提となっています。

①健康性・快適性の向上

ヒートショックの影響

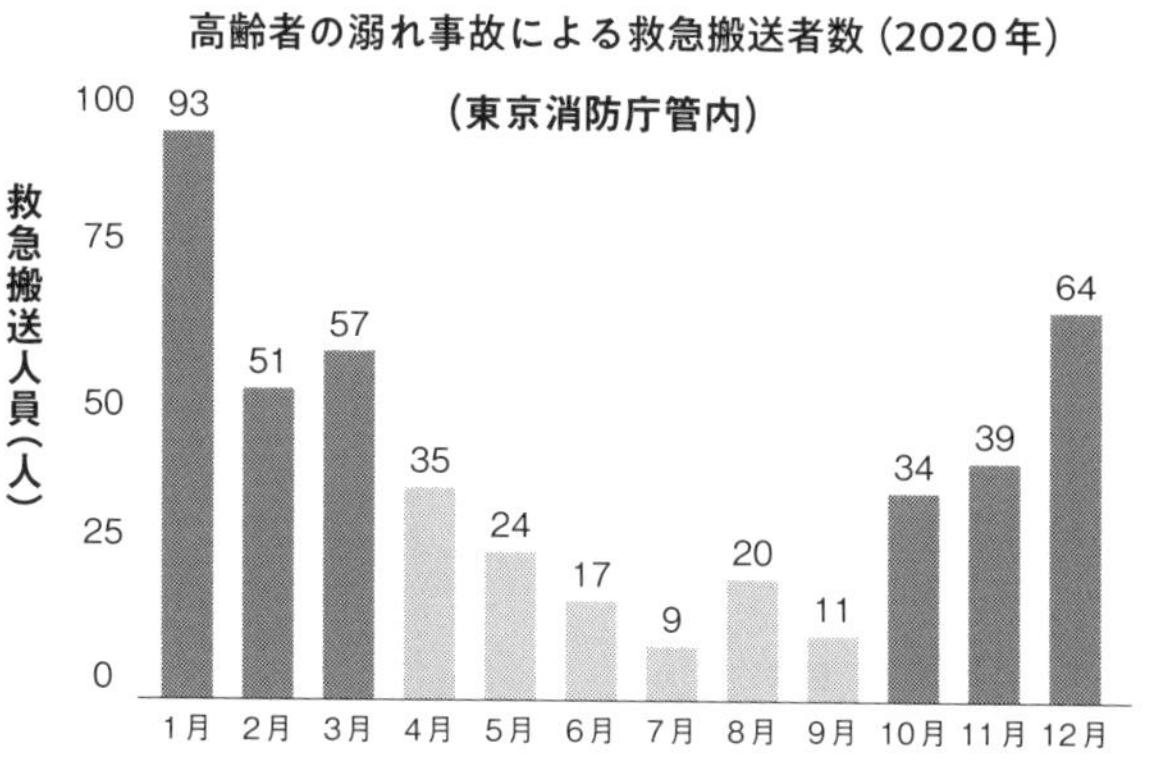

※65歳以上を高齢者として集計　　出典：消費者庁「高齢者の事故を防ぐために」

快適性の向上としては、「E」の省エネや断熱性能の向上に伴う効果として、ヒートショックの軽減が期待されます。ヒートショックは温度の急な変化が人の血圧の変動を引き起こし、脳梗塞や心筋梗塞などにつながる現象で、最悪の場合には死に至ることもあります。

消費者庁の調べでは、高齢者の不慮の事故による死因は多い順で「転倒・転落」「誤嚥等の不慮の窒息」「不慮の溺死および溺水」とされます。「不慮の溺死および溺水」の8割は浴槽での溺水で、特に12月～3月の入浴時に多く発症することが分かっています。

②災害への対応

地震や浸水など自然災害から居住者の生命、財産を守る観点から、建築基準法（耐震性など）の遵守を前提として、ハザードマップなどによって周辺エリアで想定される災害の種類や規模、程度をあらかじめ確認し、災害リスクの高いエリアを避けるという判断も必要になります。

③地域社会への寄与

地域の経済、文化、歴史などに貢献することで、地域の価値を向上させることが期待されます。それがまた、長期的な投資リターンの向上につながることになります。

ただし、その効果は数値化が難しい面があります。

④高齢化への対応

医療サービス付きの高齢者住宅の開発などが当てはまります。

ＥＳＧ不動産投資におけるＧ（ガバナンス）の基準

ガバナンスとは本来、組織や事業の管理体制を問題にするものですが、ＥＳＧ不動産投資では、コンプライアンス（法令遵守）と情報開示が中心となります。

コンプライアンスとしては、建築基準法や景観条例など建築関連の各種法令を守っているかどうかです。

具体的には次のような物件はこの基準から避けるべきだと思います。また単に法令をクリアするだけでなくその趣旨や狙いを理解したうえでの積極的な対応が期待されます。

①既存不適格

建築時の法律や規定には合致しているものの、その後の改正によって現行法に対して不適格な部分が生じている建築物のことです。

具体的には、建ぺい率や容積率、斜線制限、用途規制、耐震性などさまざまなケースがあります。

そのまま使用していても法律上、問題はありませんが、増築や建て替えを行う際には、現行の法律や規定に適合するようにしなければなりません。

②接道義務違反

現行の建築基準法では「建築物の敷地は、幅員4メートル以上の道路に2メートル以上接しなければならない」と定めており、これが「接道義務」と呼ばれるものです。間口が狭い通路で道路に接している旗竿状敷地などではこの基準を満たしておらず、建物が建てられないことがあります。

③再建築不可

建築基準法ができる前にできた建物などのなかには接道義務を満たしていない物件があり、原則として再建築ができません。これを「再建築不可物件」と呼びます。

ただし、幅員4メートル未満でも地方公共団体が「みなし道路」として認めている道路については、道路の中心線から2メートル後退したところに道路境界線があるとみなし、

「旧耐震」と「新耐震」の違い

	中規模地震 震度5強程度	大規模地震 震度6〜7程度
旧耐震基準 1950年制定	倒壊・崩壊しない	特に規定なし
新耐震基準 1981年改正	軽いひび割れ程度にとどめる	倒壊・崩壊しない

その分建物をセットバックさせれば建築可能なことがあります。

④旧耐震

建物が備えるべき耐震性については建築基準法などで定められており、現行の基準は1981年6月1日以降に建築確認申請が受理された建築物から適用されています。これが「新耐震」と呼ばれるもので、それ以前の建物は「旧耐震」として区別されます。

「旧耐震」は震度5強程度の揺れでも建物が倒壊しないことを目標としているのに対し、「新耐震」は震度6強〜7程度の揺れでも倒壊しないことを目標としています。阪神淡路大震災や東日本大震災でも「新耐震」の建物は被害が少なかったとされます。

⑤市街化調整区域

人が暮らしているエリアの多くでは、都市の整備・開発の大枠をコントロールする都市計画法によって、「市街化区域」と「市街化調整区域」が設定されています。「市街化調整区域」は市街化を抑制する地域で、住宅や施設の建設などを目的とはしていないため、原則的に建物を建てることが認められません。

一方、入居者との関係で退去時の原状復帰の費用分担や敷金の扱いなどにも注意が必要です。

原状復帰とは、入居者が退去した後で壁のクロスや床のフローリングなどの汚れや傷みをリフォーム工事などで元に戻すことです。その費用を貸した側と借りた側のどちらが負担するかでトラブルになることがあります。

民間の賃貸住宅では契約自由の原則によって貸す側と借りる側の合意が優先されますが、裁判にまでなるケースも多く、国土交通省では裁判例や取引の実務などを考慮のうえ、原状復帰の費用負担のあり方について妥当と考えられる一般的な基準をガイドラインとして公表しています。

それによると、原状復帰を「賃借人の居住、使用により発生した建物価値の減少のうち、賃借人の故意・過失、善管注意義務違反、その他通常の使用を超えるような使用による損耗・毀損《きそん》を復旧すること」と定義し、費用は賃借人負担としています。いわゆる経年変化、通常の使用による損耗などの修繕費用は賃料に含まれ、貸主の負担としています。

ただし、独立行政法人国民生活センターによるとこうしたトラブルの相談件数は今も毎年1万件を超えています。契約書に盛り込んでおけばなんでもOKではなく、入居者との信頼関係を重視する姿勢が大事です。

さらに、不動産投資では融資（ローン）の利用が一般的ですが、融資申請の不正などはあってはなりません。情報開示では、さまざまなベンチマーク（参考指標）を採用し、入居者などに広く告知することが重要です。

第3章

金融機関の高評価、収益性の確保、環境負荷の軽減……「ESG」が不動産投資のメリットをさらに高める

1　ＥＳＧ投資の重要性

ＥＳＧ不動産投資は、投資家がイニシアティブをとって投資対象にＥＳＧ評価の高いものを選んでいくことで、リスク要因を抑え、リターンを安定させることを狙いとしています。投資する以上は数字として見えないさまざまな要因が利益に関わることはある意味では考慮すべきことであり、不動産においては特にそのリスクも想像しやすいものに思えます。しかし実際には、投資家が物件の実態を考慮せず、提示された数字データに基づいて利益を求めた結果、残念ながらトラブルに発展したケースは少なくありません。

そのなかでも近年特に話題となったのが「かぼちゃの馬車事件」と「レオパレス問題」です。これらは投資家がイニシアティブをもたない形で行われた投資によるトラブルの典型であり、その反省として、不動産投資はＥＳＧに基づく中長期リターンの安定を重視すべきであることを再認識させられる事例です。

「かぼちゃの馬車事件」の教訓

「かぼちゃの馬車」とは、スマートデイズという不動産会社が販売していた女性専用シェアハウスの名称です。スマートデイズは2012年に設立された不動産会社で、敷金・礼金不要の「かぼちゃの馬車」などシェアハウス事業を展開していました。会社設立からわずか5年で売上高300億円を超える企業になり、その成長を支えたのが個人投資家に販売したシェアハウスを同社が一括借り上げ（サブリース）する仕組みでした。業者がオーナーから全室を割安で一括借り上げすることで、業者は賃料の差額を得ることができ、オーナーは空室が出ることによる損失を心配しなくていい「家賃保証」を得られるという仕組みです。

「頭金なしで投資でき、30年間の家賃保証、利回りは8％！」といううたい文句につられた個人投資家たちは、同社と親密な関係にあった銀行からフルローンに近い融資を受け、1棟あたり数千万円から1億円を超える価格で物件を購入したのです。

しかし、同社のシェアハウスは広さや設備の質が低く、次第に入居率が低迷し、保証されていたはずの家賃はなし崩し的に減額され、ついには2018年1月、支払いそのものがストップし、スマートデイズは民事再生法の適用を申請しました。

家賃保証が受けられる前提で多額のローンを組み、その返済計画を立てていたオーナーたちが厳しい状況に追い込まれ、社会的にも大きなニュースになったというのがおおまかな経緯です。


サブリースは、借り上げ期間中は一定の家賃保証を受けられるという仕組みで、個人投資家にとっては空室によって収入が変動するリスクを抑えられます。「かぼちゃの馬車事件」の物件は、投資金額に対して保証される家賃の額が高かったことから人気を集めました。

しかし、家賃保証といっても、保証した会社の経営が苦しくなれば金額が一方的に引き下げられますし、ましてや破綻してしまえばなんの意味もありません。

そもそも、物件価格が適正だったのかどうかも疑問です。当時の報道によるとスマートデイズは、シェアハウスの建築工事を請け負った会社から高額のキックバックを得ており、建築費が異常に高かったそうです。

投資用不動産の価格は、新築でも中古でも市場で取引される売買価格が基本になります。そのため価格が適正なのかどうかを判断するにあたってなにより重要なのは、同じエリア内で直近に取引された取引事例です。似たような立地条件で、同じくらいの広さやグレードの物件が少なくとも半年以内、できれば3カ月以内くらいにいくらで売買されたのかを調べ、比較してみればそう大きく間違えることはありません。

そうした情報を確認せず、スマートデイズの「利回り8％、賃料30年保証」などといったセールストークだけを根拠に購入していたとしたら、個人投資家にも問題があったと言われても仕方ありません。

「かぼちゃの馬車事件」のもう一つのポイントは、銀行による過剰融資です。

スマートデイズと密接な関係にあった地方銀行は当時、不動産投資向けの融資に積極的で、ほかの金融機関と比べても非常に融資に前向きなことで有名でした。金利低下や貸出先の減少に苦しむ多くの地銀をしり目に高い収益性を誇り、当時の金融庁長官からも高く評価されていました。

しかし、ローンの返済に行き詰まった個人投資家の一部が結成した被害者の会の主張によると、その銀行は不動産投資セミナーで、次のような説明をしていたそうです。

・物件金額（土地、建物）の100％を融資する
・購入したシェアハウスなどの家賃で、融資を返済できる
・賃料保証会社がいるので、家賃は保証されている
・こうした仕組みで、預金が20万円しかなくても1億円以上する物件を購入できる
・もしこの仕組みが嘘なら当行が融資するはずがない

こうした説明を信じた人たちはさらに、「実際に融資の申請をして通ったから信じた」と言っています。

その後の調査で、銀行の一部の担当者は本来であれば融資基準をクリアできないような個人投資家に対し、預金残高や年収の数字を改ざんして融資をしていたことが分かりました。

なぜ銀行の担当者がそんなことをしたかといえば、より多くの融資を手掛けることで行内での人事評価が上がったからです。不動産業者ももちろん、物件が売りやすくなるので大歓迎です。個人投資家も、うすうす気づきながら、不動産投資を簡単に始められるうまみに飛びついたということであれば、残念ではありますが、同情することはできません。

この事件はさまざまな観点で反省と教訓を残したといえますが、ＥＳＧ投資に即していえば、投資家が物件の実態を考慮せずに金銭上の仕組みだけでハイリスクな投資を行ったのが明らかに間違いだったということです。もし、物件そのものが十分に魅力的で入居者が安定して確保できるものであれば、そのほかの面でさまざまな問題があるにしても、投資家がここまでの損失に苦しむ結果にはならなかったはずです。

ガバナンスの不備が招いたレオパレスの施工不良問題

歪《いびつ》な不動産投資が招いたもう一つの象徴的な事件がレオパレスの施工不良問題です。

2017年、同社でアパートを建てた投資家からの一括借り上げに伴うサブリース契約について、同社が一方的に値下げをしたことでトラブルに発展しました。

その過程で多数の物件の施工不良が発覚し、同社所属の建築士が建築士法に基づき行政処分を下されたり、大幅な赤字を計上して実質債務超過に陥るなど、同社の経営を揺るがしたのです。

同社が設計・施工したアパートの施工不良は具体的には、屋根裏の延焼防止や遮音性確保のために必要な界壁が設置されていなかったり、2種類の石膏《せっこう》ボードを重ねるべき天井に1枚しか設置されていなかったり、外壁に耐火性能が確認できない資材を使ったりしたものです。調査の結果、こうした施工不良は物件全体の70％（約1・5万棟）にも上っていました。

同社が設置した第三者委員会は問題が生じた根本的な原因を3つ挙げています。

第1に、バブル崩壊後の不動産不況のなかで、設計されたとおりに施工するより、経営難からの脱却や事業の拡大を優先したことです。

第2に、ワンマン経営の悪弊がはびこっていたことです。同社は創業者の強力なリーダーシップで成長してきており、誰も創業者を止められなかったようです。

第3に、法令遵守や建物の品質確保に対する当事者意識が欠如していたことです。経営トップの姿勢が従業員にも広がり、法令を軽視する体質が社内全体に広がっていたのです。

レオパレスは施工不良の発覚後、新たな経営陣のもとで事業再建を急ぎ、2020年中には問題のあった物件すべてを改修すると発表していました。しかし、年末までに改修が完了したのは約1割（1000棟未満）でしかなく、また法人契約のキャンセルなども進み、2期連続で数百億円を超える巨額の赤字を計上し実質的な債務超過に陥り、上場廃止の可能性もささやかれました。一時は1000円を超えていた株価も100円台前半まで落ち込んだのです。

これに対し、同社はホテルや自社保有のマンションの売却、1000人規模のリストラなどの対策を打ち出し、さらにアメリカの投資ファンドから支援を受け、債務超過はなんとか乗り切りました。22年3月期には4期ぶりの最終黒字を達成しましたが、経営再建の過程ではサブリース契約における借り上げ賃料の大幅な減額を行っており、これについてもまた一部のオーナーとは訴訟が続いているようです。

有名企業が起こした大規模な事件だっただけに衝撃も大きなものがありましたが、こうした強引なやり方の背景には、農家など地主に対して好条件のサブリースをネタにアパート建設をもち掛けるアパートメーカー間の過当競争があり、大手といえども切羽詰まった状況にあったことが挙げられます。リスクを顧みず目先の利益を求めた業者のやり方に問題があったことはいうまでもありませんが、もしも投資家たちも物件の実態に無関心で儲け話に乗っかるだけだったとしたら、結局その業者の背中を押していたのだという意味では、完全な被害者だとはいい切れないのではないでしょうか。

相続税対策の落とし穴

レオパレスの施工不良問題が起こった一因として、相続税対策ブームの影響があります。2015年1月1日から相続税の基礎控除がそれまでの6割に減らされ、これまでは相続税が問題にはならないと考えていた地主や不動産所有者の多くが課税対象の拡大に頭を痛めることになりました。さらに税率区分の見直しや最高税率の引き上げと併せて大幅な相

相続税の基礎控除の改正

改正前の基礎控除額	改正後の基礎控除額
5,000万円＋ （1,000万円×法定相続人の数）	3,000万円＋ （600万円×法定相続人の数）

出典：国税庁「相続税の税率」

相続税の税率区分と税率の改正

<table>
<tr><th rowspan="2">各法定相続人の
法典相続分相当額</th><th colspan="2">税率</th></tr>
<tr><th>改正前</th><th>改正後</th></tr>
<tr><td>1,000万円以下</td><td>10％</td><td>10％</td></tr>
<tr><td>1,000万円超～
3,000万円以下</td><td>15％</td><td>15％</td></tr>
<tr><td>3,000万円超～
5,000万円以下</td><td>20％</td><td>20％</td></tr>
<tr><td>5,000万円超～
1億円以下</td><td>30％</td><td>30％</td></tr>
<tr><td>1億円超～
2億円以下</td><td rowspan="2">40％</td><td>40％</td></tr>
<tr><td>2億円超～
3億円以下</td><td>45％</td></tr>
<tr><td>3億円超～
6億円以下</td><td rowspan="2">50％</td><td>50％</td></tr>
<tr><td>6億円超</td><td>55％</td></tr>
</table>

出典：国税庁「相続税の税率」

続税の課税強化が行われたことがきっかけとなり、都市部の農家や地主の間ではアパートや賃貸マンションの新築ブームが発生し、大量の物件が建設されました。

相続税は資産価値に応じて課されますが、購入した土地や建築の評価額は購入額より低くなることが多いため、その仕組みを利用して税率を抑えることができます。例えば、1億円の現金をもっていれば税率は40%ですが、6000万円で購入した土地に4000万円で建物を建てた結果、その不動産の評価額が7600万円となれば、税率は1段階下の30%になるのです。そのうえで、不動産が賃料などのリターンを生むようにしていくというのが、いわゆる不動産による相続税対策です。

そこで地主たちは所有する土地を活用するべく建築を進めるわけですが、実際の建設費の多く（場合によっては100%以上）を銀行や農協で借りるケースが少なくありませんでした。金融機関にとっても、土地を担保に取っての融資なので貸しやすかったのです。

こうして相続税対策として建てられた大量のアパートや賃貸マンションは確かに、新築当初は満室になるかもしれませんが、周辺に次々と同じようなアパート、賃貸マンションが建つことで競争が激しくなり、空室の増加と賃料の低下が進むことがあります。

こうした状況になるといずれ、家賃収入と借り入れたローンの返済額（元金と利息の合計）がトントン、下手をするともち出しになってしまいます。


農家など昔からの地主は土地はたくさん所有していますが、金融資産が少ないケースが目立ちます。そのため、もち出し分を補填する必要に迫られて所有する土地を安く切り売りしたりするはめに陥ってしまうのです。

資産を守るため相続税対策を行ったつもりが、ともすれば割高な建物を建ててアパートメーカーや建設会社を儲けさせ、銀行や農協から借金をして金利を払っているだけで、むしろ資産を目減りさせるケースも少なくありません。

不動産を活用して相続税対策にすること自体は間違いではありませんが、レオパレス問題が起こってしまった前後の状況を見る限り、制度の変わり目にそれをビジネスチャンスだとして業者が強引に勧めたことでバランスを欠いていた側面は否めません。すべての人が法律や制度や仕組みを詳しく理解するのは難しいものがありますが、専門家の助言を頼むなどして大切な資産を適切に管理することを怠るべきではありません。業者が自分の利益になることを目的に近づいてくるのは当然のことですから、相手の言うがままにおいしそうな話に乗れば、思わぬ落とし穴にはまってしまいます。

限界が見え始めたタワマン投資

相続税対策の手法としてもう一つ注目を集めたのが、タワーマンションを使った「タワマン節税」です。

そもそも、マンションの相続税評価額は土地分と建物分の合計です。土地分については土地全体の相続税評価額を各住戸（区分）の床面積の比率によって按分します。同じ面積の土地でも、一戸建ての敷地に比べると、マンションには多くの住戸があるので、1住戸あたりの敷地（土地）の評価額は小さくなります。

しかも、タワーマンションは低層マンションなどよりはるかに多くの住戸が一定の敷地に存在します。同じような立地でも、一戸建てなどより土地分の評価額は下がります。

建物分についても、マンション全体の相続税評価額を各住戸の床面積の比率によって按《あん》分《ぶん》します。このとき、各住戸の広さは別として階数や向きは関係ありません。

タワーマンションでは、下層階と上層階で販売価格や取引価格（単価）に数倍の差がつくこともあるのに、床面積が同じであれば相続税の評価額はほぼ同じなのです。

つまり、タワーマンションの上層階の住戸（建物）は、市場での取引価格と相続税評価額の差が大きく、相続税の節税効果が高いということになります。

実際、2011年からの3年間に売買されたタワーマンションの事例を国税庁がサンプル調査したところ、時価と相続税評価額との乖《かい》離《り》率は平均3・04倍に達したそうです。同じ1億円でも、現金ならそのまま1億円が相続税の対象となりますが、時価1億円のタワーマンションなら3分の1の3300万円ほどが相続税の対象です。

国税庁はこうした状況を問題視し、過度なタワマン節税に対するチェックを厳しくする方針を2015年に打ち出しました。その結果、個別にはタワマン節税が国税庁から否認されるケースも出てきています。

「タワマン節税」の仕組み

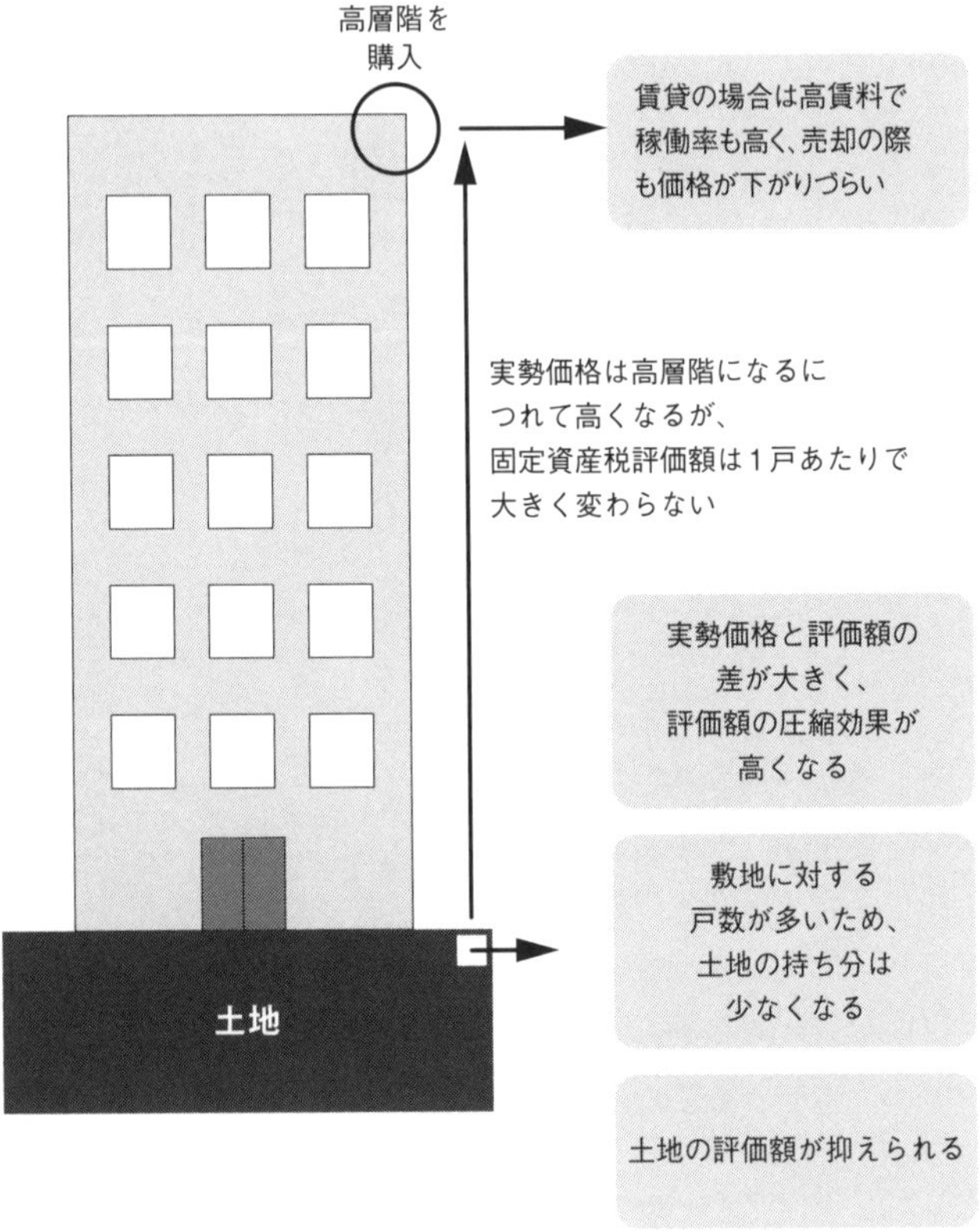
高層階を
購入
賃貸の場合は高賃料で
稼働率も高く、売却の際
も価格が下がりづらい
実勢価格は高層階になるに
つれて高くなるが、
固定資産税評価額は1戸あたりで
大きく変わらない
実勢価格と評価額の
差が大きく、
評価額の圧縮効果が
高くなる
土地
敷地に対する
戸数が多いため、
土地の持ち分は
少なくなる
土地の評価額が抑えられる

例えば、高齢の個人投資家が東京都内のタワーマンション（30階部分）を約3億円で購入し、相続が発生した後、その相続人で国税庁が定めている原則どおりに相続税評価額を計算し、約5800万円として申告したケースがありました。

しかし、タワーマンションを亡くなった人（被相続人）が購入したのは亡くなるわずか1カ月前で、しかも相続人は相続税の申告期限（10カ月）を過ぎるとすぐに売却していたのです。

このケースでは結局、本来の原則どおり約5800万円として評価するのは妥当ではないとされ、購入価格の約3億円を評価額として、相続税の追徴と延滞税などの支払いが命じられました。

「タワマン節税」に限らず、ローンを使って投資用不動産を購入し、相続税の負担を減らす手法は以前からよく使われてきました。しかし、これについても国税庁では厳しく対応する方向にあるようです。

別のケースでは、90歳を超える被相続人が相続開始3年5カ月前に賃貸不動産を8億3000万円で購入し、さらに2年6カ月前に別の賃貸不動産を5億5000万円で購入しました。

これらの購入資金は銀行借入（ローン）と自己資金で賄いましたが、銀行の稟議《りんぎ》書には「相続税対策のためローンを実行して不動産を購入する」との記載があったそうです。

相続税の申告では、これらの不動産の相続税評価額を原則どおり、国税庁の評価単位および小規模宅地等の特例によって3億3０００万円として、借入金10億円あまりを債務控除のうえ、相続税納付額はゼロとしました。なお、相続人（孫養子）は相続発生の9カ月後に1つの物件を5億1０００万円で第三者に売却しています。

国税庁ではこれに対し、原則どおり評価するのは妥当でないとして、不動産鑑定評価を実施し土地の適正評価額は7億5０００万円と5億2０００万円であるとして、相続税の追徴と延滞税などの支払いを命じました。

投資用不動産を適切に利用した相続税対策は今でも有効ですが、あまりに露骨なやり方は相続税の負担を抑えるどころか、むしろ追徴課税の対象になりかねないので注意が必要です。

家賃保証（サブリース）こそトラブルの温床

「かぼちゃの馬車事件」をはじめ、農家や地主の方たちにアパートや賃貸マンションの建築を勧める業者がよく使うセールストークが「長期の家賃保証があるから大丈夫です」というものです。

「家賃保証」は「一括借り上げ」や「サブリース」とも呼ばれる仕組みで、管理会社がアパートや賃貸マンションの所有者（オーナー）から土地・建物を一括して借り上げ、各住戸をさらに各入居者へ転貸するやり方です。

一括借り上げする際の賃料（リース料）は、入居者が支払う賃料の80～90％程度とされ、しかも管理会社は30年などの長期にわたって家賃保証（一括借り上げ・サブリース）するといった広告をよく行っています。

賃貸経営での最大のリスクは空室による収入の低下であり、空室リスクに備える家賃保証（一括借り上げ・サブリース）は一見、魅力的に見えます。しかし、家賃保証ではトラブルが多発しており、仕組み自体に問題があるように感じます。

最も問題なのは、借地借家法の規定により、一括借り上げした管理会社の側から、いつでも借り上げ賃料の減額請求ができることです。サブリース契約で一定期間、賃料を下げないことになっていても、借地借家法の規定（借主からの賃料減額請求）は強行規定とされており、契約に優先するためです。

２０１７年にはレオパレスでアパートを建設してサブリースを利用しているオーナーたちが、一括借り上げの賃料（リース料）の値下げに対して集団訴訟を起こしました。

ほかにも、サブリースでは敷金・礼金・更新料・修繕費などは一括借り上げした管理会社が受け取る契約になっているのが一般的です。立地にもよりますが、建築から10年以内ほどは入居者の募集にはさほど困らないので、オーナーとしてはみすみす収益を減らしている形です。

あるいは、サブリース契約で、10年後などあらかじめ決まった時期に、管理会社指定の工事業者によるリフォームを条件にしていることもあります。これではほかの工事業者と相見積もりを取って費用の妥当性を検討したり、工事のタイミングを柔軟に検討したりすることができません。指定業者の工事費は割高なことが多く、キャッシュフローを圧迫します。

そもそも、アパートや賃貸マンションが多く建ち過ぎて、一括借り上げを行う管理会社自体、サブリースではあまり収益を上げられなくなっているのです。

アパートメーカーなども以前から、家賃保証（一括借り上げ・サブリース）をセールストークに建物を建てさせることが目的となっており、要は割高な建物を建てさせる道具として利用しているだけとの印象をもちます。

サブリース賃料の減額を迫られたオーナーには、建築時のローンなどが返済できなくなり、土地と建物を手放しても借金だけが残るといった事例が発生しています。

その後、国は賃貸住宅のサブリースを対象にした新しい法律をつくり、管理会社などに不当な勧誘の禁止や家賃保証の期間・条件などについての書面説明義務を課し、違反した場合には業務停止命令や罰金を科すことになりました。

これまでの家賃保証（一括借り上げ・サブリース）が、いかに問題を抱えていたかということが分かります。

高利回りの落とし穴

不動産投資の世界では、過度に「利回り」にこだわるタイプの個人投資家が存在します。このタイプの投資家に人気があるのが、一棟ものの中古RC（鉄筋コンクリート造）です。同じような立地で、同じような部屋の広さであれば木造より家賃が高く、またRCは法定耐用年数が長いので銀行の査定（主に積算価格）が高くなり、融資が出やすいためです。

積算価格とは、土地、建物を別々に現在の価値で評価し、それを合わせた評価額のことで、積算価格での算出方法を原価法と呼びます。

原価法では、土地については相続税路線価や国土交通省の公示価格で評価するのが一般的です。建物については、今から新しく同様の建物を建築する場合にかかる建築費（再調達原価）に、残価率（残耐用年数÷法定耐用年数）を掛け合わせて評価します。

積算価格に対して、不動産の収益性に着目した収益還元法という算出方法を使うこともあります。しかし、前提となる収益性の見極めが難しいので、銀行は投資用不動産に対する融資では、より保守的な積算価格を一般に用います。

中古RCは、建築費が木造アパートなどよりも高く、築年数による減価も少ないため、建物の評価が高くなる分、積算価格も高くなり、ローンを引っ張りやすいわけです。

しかし、逆にいうと建物の評価が高いため固定資産税の負担が重くなり、意外と手元にキャッシュが残りません。

また、いちばんの問題は個人の不動産投資に積極的に融資してきた金融機関が、「かぼちゃの馬車事件」ののち、大きく姿勢を変えたことです。金融庁の目が厳しくなり、一棟アパートや一棟マンションを中心に融資を絞るようになったのです。

融資が付かないということは、次の買い手を見つけにくいということにほかなりません。特に一棟ものの中古RCは建物や設備の修繕費も木造などよりかさみがちなうえ、物件の価格も高くなりがちで、いまや売却（出口）で苦労している投資家が少なくありません。

「1法人1物件方式」による無理な拡大

2013年からはアベノミクスによる日銀の異次元金融緩和がスタートし、安定収入のあるサラリーマンであれば、問題なく融資を受けられるようになりました。そうして登場したのが、外資系企業のサラリーマンを中心とした「メガ大家」と呼ばれる投資家です。

外資系企業のサラリーマンは一般に年収は高いものの完全な実力主義の世界で、経済状況が変われば解雇も当たり前です。稼げているうちに不動産投資で資産をつくっておこうという人がよく見られました。こうしたメガ大家たちがよく使った手法が「1法人1物件方式」です。投資用不動産を購入するため、不動産と同数の法人を設立し、それぞれ異なる金融機関から融資を受けるのです。

1人の投資家が複数の投資用不動産を購入する場合、どの金融機関からいくら借りているのかは各金融機関に通知する必要があります。しかし、「1法人1物件方式」では、複数の法人を〝隠れ蓑〟にすることで、ほかからいくら借入しているのかを知られることなく、複数の金融機関からローンを引っ張ることができるというわけです。

しかし、金融機関はこの手法を問題視するようになり、独自にチェックするところもあるようです。もし発覚すれば金融機関との信頼関係が崩れ、新たな借入は難しくなります。また、悪質だと判断された場合は融資の一括返済を求められる可能性もあります。

そもそも「1法人1物件方式」は、法人がいくつもあるので維持経費などがかさみます。実際、「1法人1物件方式」で投資用不動産を買い進めたメガ大家のなかには、新規の融資を申し込んでも通らないケースが多いと聞きます。

〝イタチごっこ〟が続いた消費税還付スキーム

アパートや賃貸マンションを購入したり新築したりする際、建物には消費税が掛かり、かなりの額になります。ところが、アパートや賃貸マンションなど居住用建物の賃料は消費税が非課税であり、購入時や新築時に支払った消費税を取り戻すことができません。

そこでこれまで、さまざまな消費税還付スキームが生まれ、その都度、国では税制を改正して封じ込めるという〝イタチごっこ〟が続いてきました。

当初、よく利用されていたのがアパートや賃貸マンションの敷地内に自販機を設置して消費税の課税売上高を発生させる手法です。自販機の売上には消費税が含まれており、それを賃貸事業の一部として計上することで、建物分の消費税の還付を受けるというものでした。

しかし、この手法は2度にわたって税制が改正されて効果がなくなりました。そこで次に考案されたのが、金（ゴールド）の売買を行うことで、消費税の課税売上高を発生させる手法です。アパートや賃貸マンションの経営と金（ゴールド）の売買は直接には関係ありませんが、建物分の消費税の還付を受けるためだけに行うのです。

これも税制改正によって２０２０年10月1日以後に引き渡しを受ける居住用賃貸建物については、消費税の課税売上がいくらあろうが購入時には一切の消費税還付が受けられないことになりました。

メリットをふさがれた海外不動産の節税効果

10年ほど前から富裕層の間で人気が高まっているのが、アメリカを中心とした海外不動産への投資です。魅力はなんといっても建物の減価償却費が大きいことです。

海外では木造で築30年、40年を超える物件であっても市場での取引価格は新築時と比べそれほど下がりません。立地や眺望によってはむしろ値上りすることもあります。海外では立地や眺望などで賃料が決まり、賃料収入を基にした収益還元法で取引価格が決まるからです。

国内に居住する個人がこうした海外不動産を購入し、賃貸事業を行う場合、不動産所得における建物の減価償却費の計算では、国内の不動産と同じ計算方法（中古での簡便法）が適用されます。

例えば耐用年数が22年の木造であれば、耐用年数を超えるとわずか4年で償却できることになります。

このため、購入価格に占める建物分の割合の高い賃貸用不動産を購入すると、多額の減価償却費によって不動産所得が4年間、大きな赤字になります。その赤字をほかの所得（給与所得や事業所得など）と損益通算することで、所得税、住民税を減らせるわけです。減価償却後は、そのまま保有しても売却しても構いません。売却時には建物が償却済なので譲渡所得が増えますが、所有期間が5年超であれば長期譲渡所得となって、適用税率が下がります。

以上のような節税スキームで、富裕層に海外の中古不動産を紹介する不動産会社は非常に多いです。

ところが国ではこれを露骨な節税策だとして問題視し、対策を強化しました。２０２１年の確定申告から個人については、海外不動産における不動産所得の計算上、建物の減価償却費が認められなくなっています。

そもそも海外不動産は為替の影響を受けますし、また国内での不動産投資で共同担保などに使えません。考え方としては日本のバブル崩壊時と同じように物件の値上りを狙った投資ですが、コロナ禍で入居率低下や市場価値が下落しており、やはりリスクコントロールの難しい不動産投資かと思います。

2 ほかの投資と比較した不動産投資の特徴

10年、20年先を見据えた中長期的な投資

不動産投資の歴史を振り返ると、ほかの投資と異なる特徴が見えてきます。

第1に、不動産投資はあくまで中長期的な投資です。それも3年や5年ではなく、少なくとも10年以上の長期スパンで取り組むべきものだと思います。なぜなら、不動産投資では短期的にはリターンを確保しにくいからです。例えば、不動産投資では購入時や売却時に各種手数料が掛かり、トータルでは物件価格の10~15%程度になるのが一般的です。

また、値上り益である譲渡所得に対して譲渡所得税が掛かりますが、その税率は譲渡した年の1月1日時点で所有期間が5年以下か5年超かで倍近く違います。

譲渡所得とは購入価格と売却価格の差（値上り）ではない点にも注意が必要です。譲渡所得は左記のように計算します。

譲渡所得＝不動産の売却価格－（取得費＋譲渡費用）

このうち、取得費で中心となるのは売却した不動産の購入代金です。また、購入時に不動産会社に支払った仲介手数料、購入時に納めた税金（印紙税、登録免許税、不動産取得

不動産の譲渡所得に対する税率

短期譲渡所得

不動産を売却した年の１月１日時点で所有期間が５年以内の場合

所得税 30% ＋ 復興特別所得税 0.63%（30%×2.1%）＋ 住民税 9%

＝ 合計 39.63%

長期譲渡所得

不動産を売却した年の１月１日時点で所有期間が５年超の場合

所得税 15% ＋ 復興特別所得税 0.315%（15%×2.1%）＋ 住民税 5%

＝ 合計 20.315%

税）、司法書士に支払った登記手数料、設備工事の費用、増改築の費用なども取得費に含めることができます（ただし、不動産所得で経費計上した費用は取得費に含みません）。

一方、建物については購入額から減価償却費（取得から売却時までの間に経年劣化した価値）を控除した価額を使います。そのため、購入価格より低くなることが多いのです。

つまり、購入価格と売却価格が同じであったとしても、譲渡所得は黒字になり、税金が掛かることがあります。

さらに、不動産は株式や債券、ＦＸのようにネット上で売り注文を出せば市場価格ですぐ売買が成立する金融資産とは異なります。売却まではさまざまな手続きが必要で、時間も掛かるのです。

具体的には、仲介会社に査定を依頼し、買主を探してもらうための媒介契約を結び、レインズ（不動産業者の情報ネットワーク）に登録したり民間の情報サイトに物件情報を掲載し、購入希望者から問い合わせがあれば内見してもらい、価格や引き渡し時期について交渉してからようやく売買契約が成立します。

その後さらに、ローン特約が付いている場合は買い手が金融機関からローンを借りられるかどうかの審査があり、決済日になってようやく売却代金を全額、受け取ることができるのです。売却完了まで短くても3カ月、場合によっては半年以上掛かったりします。急に換金しようと思っても難しいということは、じっくり所有しておくほうが有利だということにつながります。

また、賃料収入は立地と賃貸需要（借り手の存在）さえ注意すれば比較的安定していますが、値上り益は経済や社会の状況によって読みにくい傾向があります。もちろん、投資対象とする物件の構造や管理状態によっても異なりますが、こうしたことから不動産投資では5年、10年で物件を売却したり買い替えたりするのでは、安定したリターンは期待しにくいといえます。

実際、バブル崩壊後に地価は大きく下落したものの、都市部であれば賃料収入を得ながらじっくりもち続けることで地価の回復を待ち、結局は大きなリターンを得ることもできました。

個別性が高くリスクの判断が難しい

不動産投資の第2の特徴は、不動産投資が対象とする土地や建物は個別性が高く、リスクの判断が難しいことです。

土地や建物には二つとして同じものはなく、それぞれ異なります。区分所有のマンションであれば敷地は同じであり、各住戸の間取りや設備は比較的似ていても、階数やバルコニーの方角などに微妙な違いがあります。

ましてや一棟マンション、一棟アパート、戸建てになると建物はもちろん、敷地の位置、形状、道路付けなども千差万別です。個別性が高いということはリスクもそれぞれ異なるということです。

投資の判断基準は基本的に、リスクとリターンのバランスによります。株式や債券では、市場で日々膨大な取引が行われるため、リスクとリターンに関するデータが豊富にそろっており、さまざまな指標による分析が行われ、比較検討が容易です。

例えば、「シャープレシオ」という指標があります。一定のリターンを得るためにどれくらいのリスクを取っているかを数値化したもので、数値が大きいほど運用効率が高いことを示し、投資信託の比較でよく用いられます。

しかし、不動産は個別性が高い分、リスクの数値化は容易ではありません。リターン（賃料）についてては、周辺の賃貸相場を見ることである程度判断できます。しかし、将来の売却価格についてはそのときの社会や経済の状況、また建物の状態、さらには買い手がローンを使えるかどうか（金融機関が融資を認めるかどうか）などで大きく変わります。

不動産貸付業というビジネス

不動産投資の第3の特徴は、投資であるとともに不動産貸付業や貸家業というビジネスであることです。

株式や債券、ＦＸなどの金融商品はある意味、とてもシンプルな投資で、自己資金を投じたあとは配当などを受け取り、売却時に値上りしていれば譲渡益が発生するだけです。

投資対象について自分で何かできるわけではありません。例えば株式に投資した企業の経営に関わって企業価値を上げることなどは不可能です。

それに対して不動産投資では、物件（区分マンションや一棟アパート、一棟マンション、戸建て賃貸など）を購入するとまず入居者を管理会社に頼んで探さなければなりません。入居者の入れ替わりの際には原状復帰のリフォーム工事を行ったり、定期的に屋根や外壁の補修工事も必要です。空室が長く続くようであれば賃料の見直しをしたりすることもあります。

そもそも賃貸用物件を所有し、人に貸すことは不動産貸付業とされ、国の職業分類では貸家業に当たります。事業であるということはそれなりの手間が掛かるということにほかなりません。

築年数の経った物件を安く購入し、リフォームなどで資産価値を上げる手法もありますが、不動産や建築についての専門知識が不可欠で、「専業大家」といわれるセミプロの世界になり、普通の個人投資家にはハードルが高いと思います。

投資金額が大きくレバレッジが前提

第4の特徴は、個人投資家にとっては投資金額がかなり大きくなり、ローンを利用したレバレッジが前提であることです。レバレッジのメリットは、少ない自己資金でも大きな投資ができることです。

しかし、ローンを利用したレバレッジ投資はリスクも増幅します。借入金利より賃料収入のリターンが低いともち出しが発生します。また、将来物件を売却する際、買い手もローンを利用することになるので、金融機関の融資姿勢に影響を受けるということもあります。なぜなら、築年数や空室の状況によってローンが利用できないとキャッシュをもった買い手に限られることになり、その分価格を大幅に下げる必要が出てきます。

また投資金額が大きいということは、万が一失敗したときのダメージも大きくなるわけです。株式投資で100万円が半分になっても50万円の損失ですが、不動産投資で2000万円の物件が1000万円になると1000万円の損失を抱えることになり、個人資産へのダメージは桁違いです。

これからの不動産投資とＥＳＧの関係

こうした不動産投資ならではの特徴を踏まえると、今後はＥＳＧの視点が重要になることが理解できるはずです。

まず、不動産投資が中長期的な投資であることは社会や経済の変化による影響を受けることを意味します。10年以上先を見越したリターンを期待した投資を行うとき、10年先を正確に見通すことは、特に今の時代では非常に困難であり、そのため長期的なリスク抑制の必要が高いのです。

かつて、戦後の高度経済成長から１９８０年代後半のバブル景気の頃、不動産投資の狙いは主に値上り益（キャピタルゲイン）でした。今のように利回りはほとんど注目されていませんでした。不動産投資で利回りが注目されるようになったのはバブル崩壊以降、地価が大きく下落してからのことです。株式投資は今でもキャピタルゲインがメインではありますが、バブル崩壊以降はインカムゲイン狙いの高配当株が注目されたのと同じです。

これはどちらが良いとか優れているとかいうことではなく、考え方が大きく変わったというところに問題があります。長期のスパンで考える不動産投資だからこそ、こうした価値の変化については、見通すことができないとしても、備える必要はあります。

さらに近年では、ＶＵＣＡ（ヴーカ）の時代だといわれています。ＶＵＣＡとはVolatility（変動性）、Uncertainty（不確実性）、Complexity（複雑性）、Ambiguity（あいまい性）の頭文字をつなげた造語で、これからの社会や経済がどのように変化するか不透明であることを意味します。こうした状況で目先のリターンを求めるだけの不動産投資には危険が付きまといます。かつて高度経済成長期からバブル崩壊までの間に起きたような価値の大きな変化が、より短い期間に何度も起こるようなことがあっても、もはやおかしくはありません。

その点、ＥＳＧの視点は中長期的な事業の安定性を重視するものであり、だからこそ株式投資の世界で大きなトレンドになりつつあります。不動産投資でも参考になる点は多いはずです。

個別性が高く、リスクの判断が難しい点についても同じことがいえます。現在考えられる限り、不動産投資で最大のリスクは人口減少です。間もなく年間100万人ペースで減っていく時代になり、これまでとはインパクトが桁違いになると思われます。

不動産オーナーとしては、減少する顧客を確保し続けるためにより良い物件を求めることになりますが、ある場所で満室になったのと同じ建物を別の場所に造っても、同じ成果が得られる見込みは決して高くありません。逆についても同じことで、物件として一見同じ価値の商品でも、周辺環境次第で固有のリスクをはらむ可能性があります。

このときに、不動産の個別性や地域などの枠を超えて頼れるリスク回避の指標がESGなのです。個別の物件にしっかり目を向けて、数字に見えない部分をしっかりと対象化して投資を行うスタンスがこの問題の解消においては助けになるのです。

利回りを中心に、いくら儲かるかという短期的な視点だけではなく、どうすれば資産を守れるかというリスク回避の視点が不動産投資でも重要になります。ESGはまさにそうしたリスク回避の視点であり、いくら儲かるかという視点とバランスを取ることが可能です。

このことは、不動産投資が貸付業や貸家業というビジネスである点についても同様に考えることができ、企業における事業のサステナビリティに着目したＥＳＧ投資と同じことがいえます。

不動産投資の場合、入居者の確保が死活的に重要です。これから入居者をしっかりと確保していくことを考えたときに、次の世代がその大半を占めることを意識しなければなりません。今の若い世代は自分が得すればいいという発想ではなく「地球環境をはじめ世の中のことも考えて行動する」という意識が強いことはよく知られています。将来的に人口が減少を続け顧客の総量が減るなかで選ばれる物件であるためには、そういった若い世代の傾向をしっかりととらえておくことが不可欠です。

不動産貸付業や貸家業というビジネスを安定的に運営していくために、若い世代の意識に応えながら、またアピールしていくことが求められるのです。

さらに、不動産投資の利点の一つがローンによるレバレッジであるという点では、金融機関が何を重視して融資を行うかということが重要になりますが、近年は企業向け融資やマイホーム向け住宅ローンでＥＳＧやＳＤＧｓの視点を盛り込む傾向が高まっています。

投資用不動産向けのローンでも、ＺＥＨなどの温暖化対策を金利に反映させる動きが出てきました。今後、ＥＳＧの視点はローンを利用したレバレッジ投資の重要な条件になっていくはずです。

このように、ほかの投資に対する不動産投資の特殊性を考えると、多くの面でＥＳＧ投資との親和性が確信されます。ＥＳＧ不動産投資は、今後も少しずつ確実に広がっていくのは間違いありません。

社会の変化を先取りする

もちろん、不動産投資のすべてが今すぐＥＳＧ視点に切り替わるということではありません。従来の発想やスタンスが継続することは当然です。しかし、徐々に切り替わっていくことは間違いないと思います。

不動産投資は社会や経済全体で見れば、比較的変化が遅く表れる分野です。これまでも、金融分野の新しいトレンドが少し後れて不動産分野に波及することがよく見られました。

例えば、金融分野で運用会社が一定の方針のもと複数の株式を選んで分散投資するファンドが広まるとともに、それを不動産に応用した投資信託という形でREITが登場しました。

不動産の賃料の見直しは2年ごとで、売買もマーケットで日々、大量に行われているわけではなく、価格の透明性も株式や債券よりは低いといわざるを得ません。

しかし、社会や経済が変われば不動産の世界も間違いなく変わります。その流れを先取りできるかどうかがこれからの不動産投資の成否を左右するはずです。

3 不動産投資は中長期的なスタンスが大前提

人口と世帯数の減少でこれから起こること

不動産投資での中長期的な視点で最も重要なのが、人口と世帯数の減少です。これまでの常識が通じない、新たな時代が始まろうとしています。

過去を振り返ると、日本の人口は19世紀半ば以降、右肩上がりで増加してきました。江戸時代後半の人口は３０００万人程度で安定していましたが、明治に入ると急激な人口増加が始まりました。１９６７年には1億人を突破し、２００８年に1億２８０８万人でピークに達しました。

その後は減少に転じており、２０２１年ではまだ1億２５５０万人ですが、今後は急勾配の下り坂を下りていくことが確実視されています。

国立社会保障・人口問題研究所の推計（出生中位・死亡中位推計）によると、２０６０年には８６７４万人にまで減り、２０１０年から２０６０年までの半世紀で４０００万人以上、割合として約3分の1の人口を失うことになるというのです。

直近では新型コロナウイルスの感染拡大の影響で婚姻数が大幅に減り、厚生労働省の人口動態統計によると22年1～6月の出生数（日本に住む外国人なども含む）は38万４９４２人と２０００年以降で初めて40万人を割りました。専門家には22年の出生

長期的な日本の人口推移

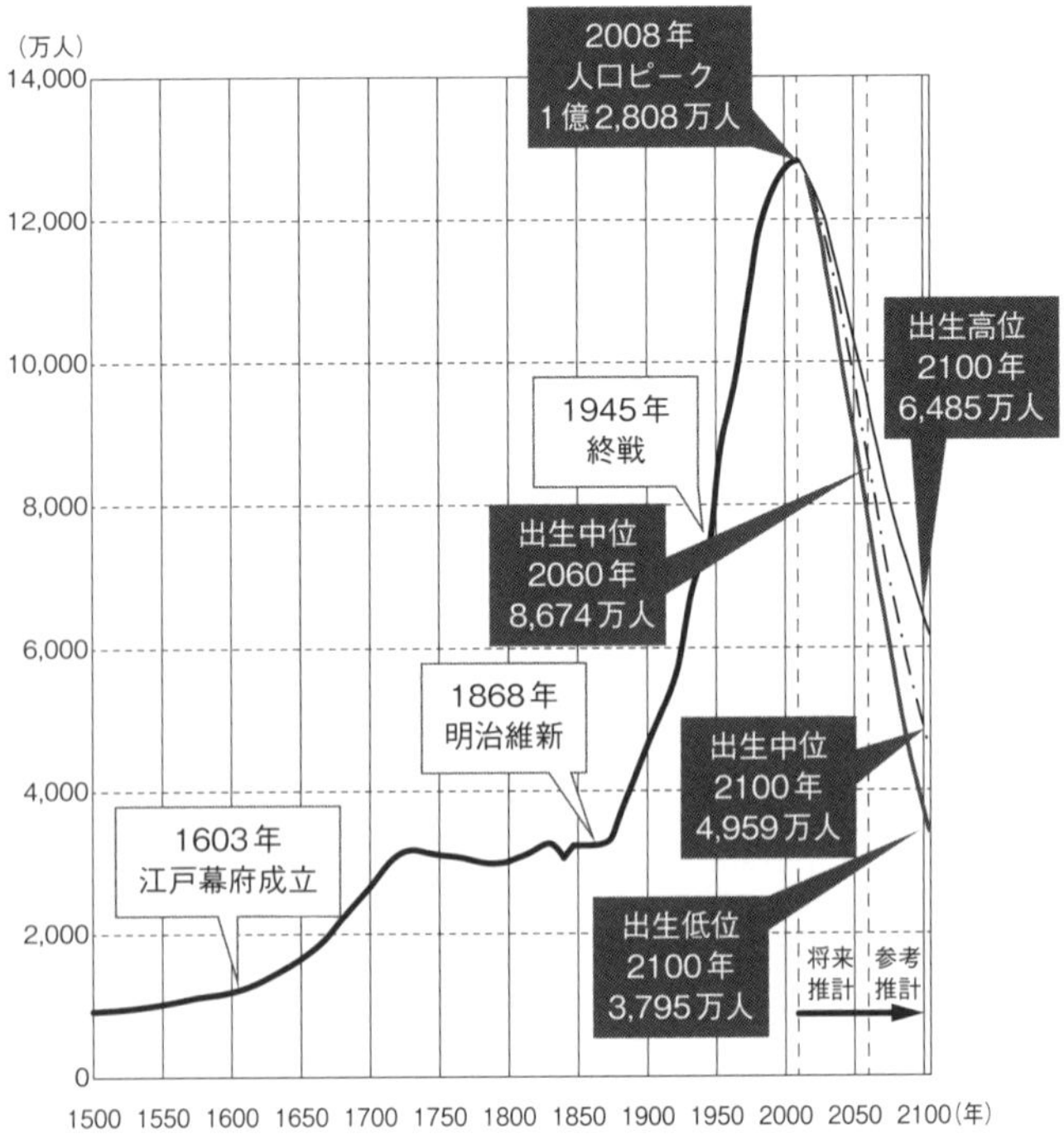

資料：1920年より前：鬼頭宏『人口から読む日本の歴史』1920~2010年：総務省統計局「国勢調査」、「人口推計」、2011年以降：国立社会保障・人口問題研究所「日本の将来推計人口(平成24年1月推計)」出生3仮定・死亡中位仮定(一定の地域を含まないことがある)。

出典：厚生労働省「平成28年版厚生労働白書——人口高齢化を乗り越える社会モデルを考える」

数（日本人のみ）は76・2万人になるといった見方もあります。過去最少だった21年の81万1604人を下回り、初めて80万人を割りそうです。

25年前の1997年、国内の出生数（日本人のみ）は119万人でした。それに比べると昨年の出生数は40万人減、約3割も減る計算です。単純に考えてこれから20〜30年後、20代を中心とした若年層の賃貸住宅ニーズが3割程度減る可能性があるのです。

さらに世帯数の減少です。国立社会保障・人口問題研究所が2018年に公表した将来推計では2023年まで世帯数は増加を続け、5419万世帯に達します。つまり、今が世帯数のピークであり、間もなく減少に転じるのです。

日本はこれまで人口の減少は進んでいましたが世帯数はむしろ増えていました。かつては主流だった夫婦と子ども2人の標準世帯が、次第に単身世帯や2人世帯に取って代わられたからです。

住宅は基本的に世帯単位で利用されますから、世帯数が増えているうちは賃貸住宅へのニーズも増加傾向にありました。そのため、人口減少の影響が抑えられていたといってい

長期的な日本の世帯数推移

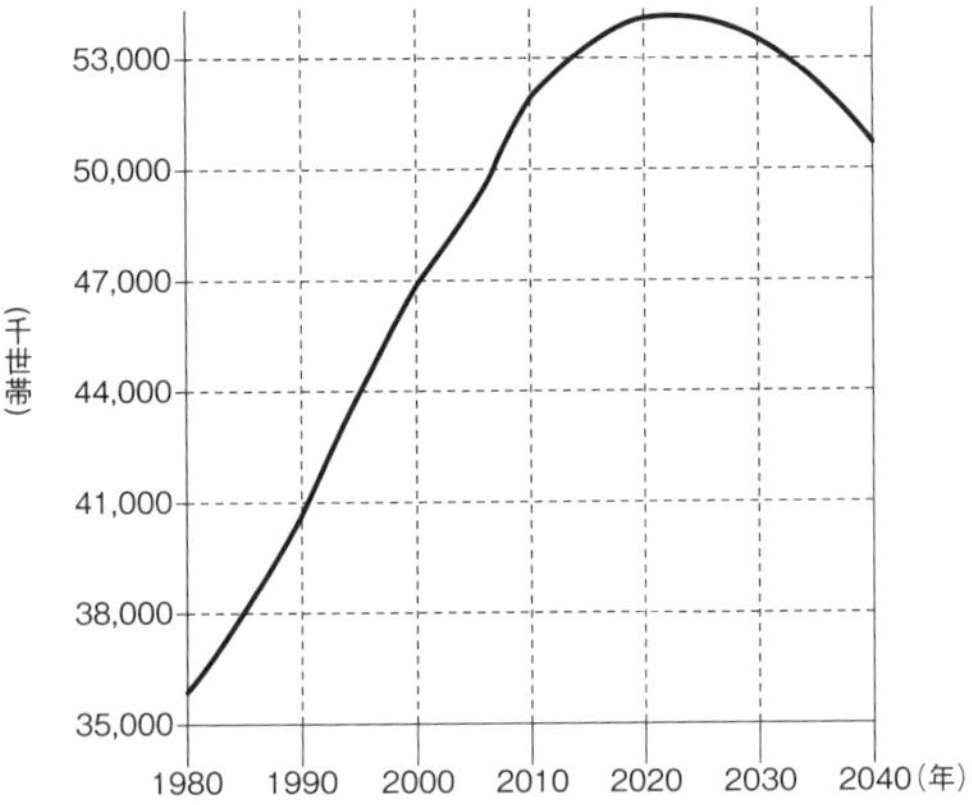

出典：国立社会保障・人口問題研究所「日本の世帯数の将来推計(全国推計)」

いのです。

それが2024年以降、世帯数減少と人口減少はダブルで効いてくるので、賃貸市場への影響は加速度的に大きくなるはずです。

同研究所の推計では、2040年の一般世帯総数は5076万世帯と2015年に比べ257万世帯少なくなります。割合にすると約4・7%に過ぎず、たいしたことはないと思われるかもしれませんが、そうではありません。この減少は総世帯数に対する割合であり、賃貸住宅の主な借り手である20代、30代の世帯に限れば約16・5%の減少と推計されています。

こうした人口動態の劇的な変化によって賃貸市場に起こる影響としては、第1に、賃貸住宅どうしの競争が激しくなると考えられます。限られた賃貸ニーズを巡って、それぞれのエリアで入居者の奪い合いが始まるのです。それは空室率の上昇として表れます。

第2に、空室の状態が長期化する物件が増えるため、対策として賃料の見直しや入居者の審査の緩和（高齢者、外国人なども許容）が取られるようになり、物件によってグレードや賃料、入居者のタイプなどが分極化していくと思われます。

第3に、グレードや性能の高い物件は逆に、一定の経済力のある入居者層のニーズがそれほど減らず、賃料とともに物件価格を維持しやすいと思います。

このようなことから、安定のためにはより入居者のニーズに沿った高グレードの物件が有利となり、省エネやユニバーサルデザインなど住み心地の面での充実がこれまで以上に求められるようになります。こうした賃貸市場の大きな変化を考慮すると、不動産投資ではＥＳＧの視点の重要性がより明確になってくるのです。

4　新築住宅の省エネ性はZEHが当たり前に

2050年カーボンニュートラルを目指して

今後、社会全体で取り組みが求められるのが気候変動対策と二酸化炭素排出量の削減です。人間の活動が発生源となっている二酸化炭素の累積排出量と、今後予測される世界平均気温の変化量の間には相関関係があることが明らかになっています。

地球温暖化に伴い異常気象の発生や海面上昇の進行が起こるだけでなく、さまざまな産業への悪影響、難民の発生、安全保障の問題など、そのインパクトは多岐にわたります。

そこで多くの国が連携し、気候変動の原因となる温室効果ガスの排出削減による緩和対策、気候変動の影響による被害の回避・軽減のための適応対策を両輪で取り組むことによって、地球規模の解決を目指しています。

省エネ基準の適合義務対象の変化

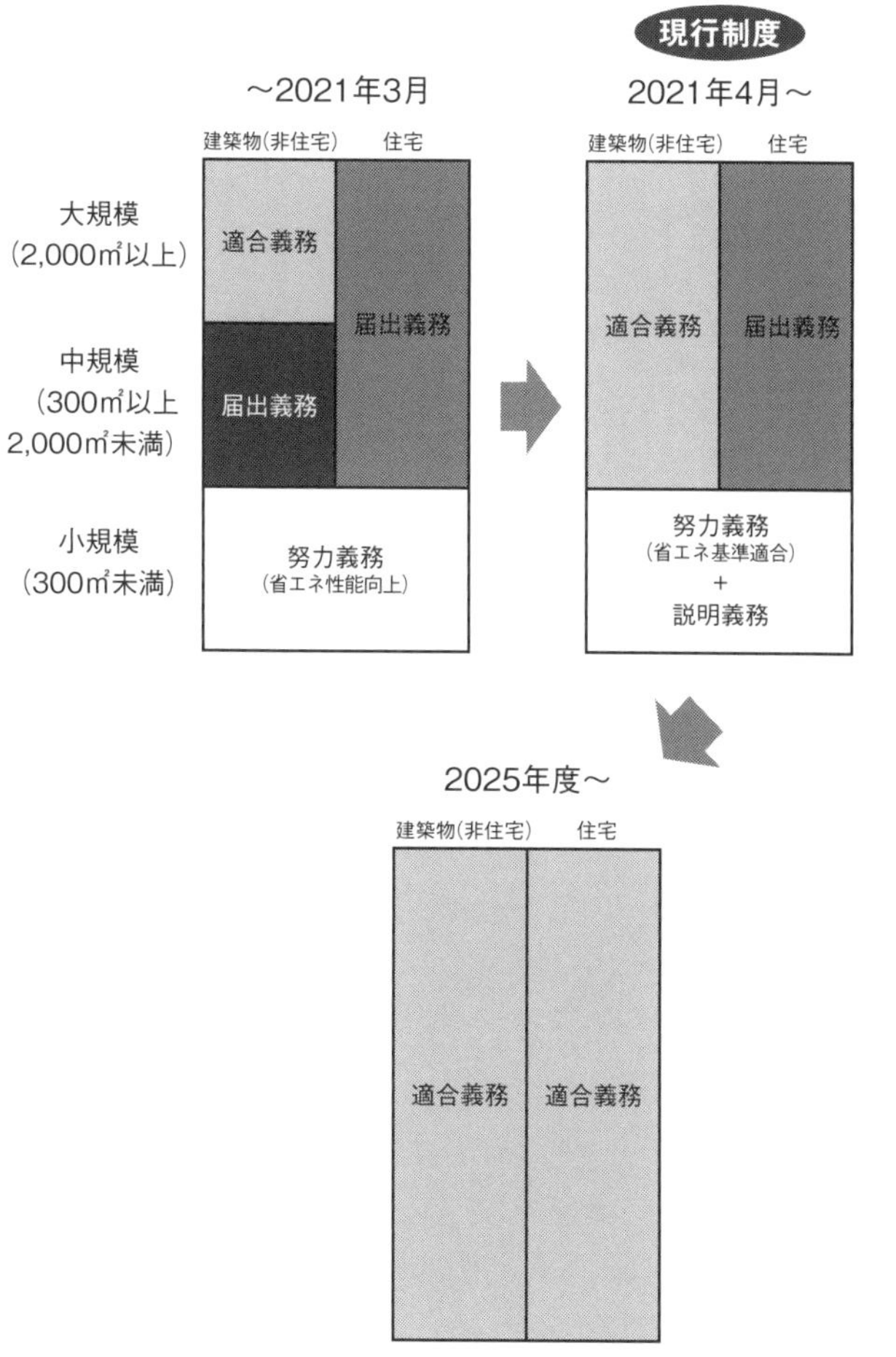

出典：国土交通省「改正建築物省エネ法オンライン講座テキスト」、「脱炭素社会に向けた住宅・建築物における省エネ対策等のあり方・進め方」をもとに作成

日本では菅政権のもと2050年にカーボンニュートラルを目指すことになり、その一環として2022年6月、新築住宅に断熱化を義務づける改正建築物省エネ法が成立しました。

日本のエネルギー消費のうち建築物が3割を占めます。ところが約5000万戸ある既存住宅の多くは断熱が不十分です。そこで今回の法改正で新築住宅から省エネ性を大幅に引き上げることになったのです。

現状では、延べ床面積300平方メートル以上の中規模・大規模建築物（非住宅）のみが省エネ基準への適合義務対象ですが、2025年度以降からは小規模建築物（非住宅）や住宅についても対象となります。

さらに2030年以降はZEH・ZEB（ネット・ゼロ・エネルギー・ビル）水準が新築に導入されるため、そこから本当に大きなインパクトがあると予想されます。2050年にはストック平均でZEH・ZEB水準の確保を目指すことになっています。

「旧耐震」「新耐震」と同じ流れに

建物の耐震基準は1981年に「旧耐震」から「新耐震」に切り替わりました。分譲マンションでは耐震性を含む評価制度が導入されるようになり、旧耐震の建物は既存不適格として市場での評価は低下しています。

今後、建物の省エネ性でも同じ状況が生まれ、ZEH・ZEB水準をクリアしている物件とそうではない物件では、市場での評価に差がつき、それが物件価格にも反映されていくと予想されます。

不動産投資でこれからの新築物件はZEHが当たり前になるはずです。

5　注目すべき借り手の意識変化

ＥＳＧ／ＳＤＧｓに敏感なＺ世代

不動産投資での新たな時代のトレンドとして注目されるのが、借り手の意識変化です。賃貸マンションやアパートなど賃貸住宅の主な借り手（顧客）は20代のいわゆるＺ世代です。この世代はＥＳＧやＳＤＧｓについての意識が高いのが特徴です。

企業広報戦略研究所が２０２２年６月に行った「２０２０年度ＥＳＧ／ＳＤＧｓに関する意識調査」によると、「ＥＳＧ」「ＳＤＧｓ」それぞれの認知率を性・年代別で見ると、男女共通して若年層の認知率が高くなっています。

また、企業のＳＤＧｓに対する取り組みを想起できた５０００人近くの調査対象者に認知後の行動変化を聞くと、71・１％もの人がなにかしらの行動を起こしています。

性別・年代別のESG認知率

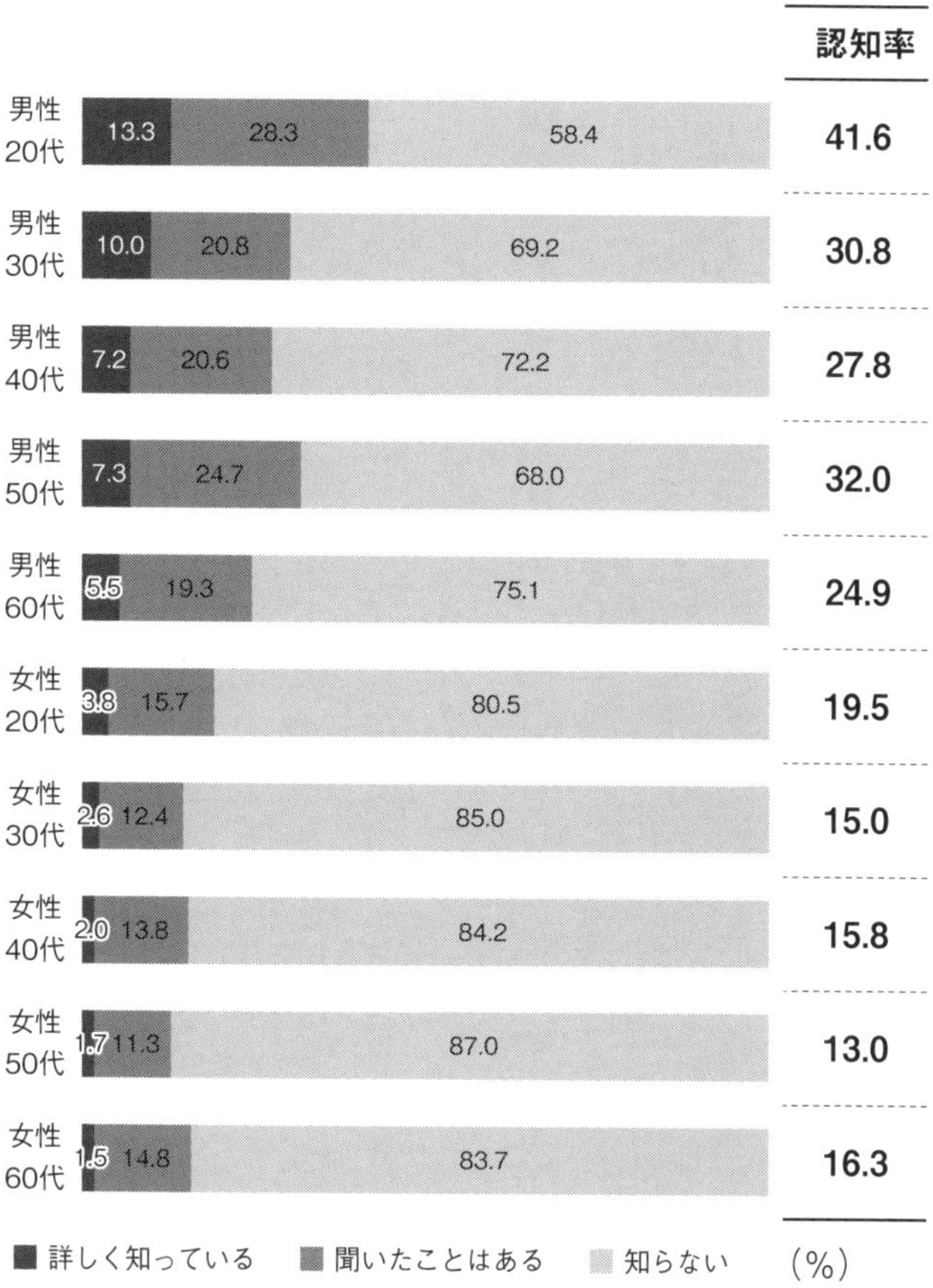

出典：企業広報戦略研究所「2020年度 ESG/SDGsに関する意識調査」

具体的には、1位「その企業や、商品・サービスのウェブサイトを閲覧するようになった」（28・2％）、2位「その企業の商品やサービスを購入または利用した」（21・5％）、3位「その企業や、商品・サービスの評判を検索するようになった」（18・5％）。また、「家族や友人に話をした」（14・8％）、「ソーシャルメディアに投稿・シェアした」（5・5％）という回答もあります。

不動産投資でも今後、Z世代へ向けた情報発信が重要です。

ＳＤＧｓと学校教育

若い世代の意識の変化については、実は学校教育が大きく影響しています。それが持続可能な開発のための教育（ＥＳＤ）です。

ＥＳＤとはEducation for Sustainable Developmentの略称で、「持続可能な開発のための教育」を意味します。ＳＤＧｓの17のゴールのなかで4番目（ＳＤＧ4）が教育です。ＥＳＤはその実現のための取り組みです。

日本は、ＳＤＧ4を主導する国際機関であるユネスコに従ってＥＳＤ実施の枠組みづくりに積極的に参画し、国際的なＥＳＤの推進にも大きく貢献してきました。

現在、世界182の国・地域に1万1500校以上のユネスコスクールがあり、日本国内の加盟校数は1120校（2019年11月現在）で世界最多となっています。

そして、国の新学習指導要領や第3期教育振興基本計画（2018～2022年度）では、ＥＳＤの目的である「持続可能な社会の創り手の育成」が掲げられています。

学習指導要領とは、生徒がどこの学校にいても同水準の教育を受けられるように、各学校が教育課程（カリキュラム）を編成する際に基準とするもので、文部科学省では時代の変化や社会情勢などを踏まえ、10年に1回のペースで改訂しています。

直近では、2016年度に小学校と中学校、そして2017年度には高等学校の学習指導要領が改訂されました。

そこでは前文で「持続可能な社会の創り手」や「社会に開かれた教育課程」などＳＤＧｓやＥＳＤに関係するキーワードが多数、登場しています。

日本国内のユネスコスクールの状況

1965年度	1970年度	1980年度	2000年度	2005年度	2007年度	2008年度	2009年度	2010年度	2011年度	2012年度	2013年度	2014年度	2015年度	2016年度	2017年度	2018年度	2019年度
22	25	21	20	19	24	78	152	277	367	550	705	913	939	1008	1034	1116	1120

出典：文部科学省「SDGs実現に向けた文部科学省の取組」

さまざまな教科で「持続可能」という表現が増え、教科書のコラムや口絵にＳＤＧｓや社会問題に関する話題が登場するようになりました。

例えば、ある小学校では、従来の教科分離型教育ではなく、全科目でＳＤＧｓを軸に組んだ教科横断型教育に取り組んでいます。総合的学習でＳＤＧｓのことを学びながら図工や特別活動の時間にＳＤＧｓを意識した活動に取り組むことで、自分で考え、主体的に活動する能力を育もうというのです。

別の中高一貫校では、文化祭で有志団体がアフリカ・タンザニアの生徒たちとビデオ通話を行い、絵での交流を行うプロジェクトが行われています。

学校でのＳＤＧｓ教育が進むにつれて、入試にＳＤＧｓを取り入れるケースも増えてきています。最近では、中学受験から大学入試まで、ＳＤＧｓが頻出の出題テーマとなっています。社会科はもちろん、数学（算数）・理科・英語・国語でもＳＤＧｓにまつわる問題が出されており、読み取り問題や記述問題でのテーマとして使われやすい傾向があります。

ＳＤＧｓの意味や役割などを問われる知識問題はもちろん、「プラスチックごみで海洋が汚染されると、人間の生活にどのような影響があるか」といった、社会問題や環境問題をＳＤＧｓでどう解決できるか、考えを問われることも多いです。

社会問題に対する意識や常識が求められるため、受験対策というよりも、普段からＳＤＧｓについて考える習慣が問われているともいえます。

ＳＤＧｓやＥＳＧの考え方をごく当たり前のものとして身につけ、日頃の生活や行動に反映させる若い世代が増えつつあるのです。

より敏感な法人需要

借り手の意識変化として見逃せないのが法人需要です。賃貸マンション、特に新築物件では社宅などとして借り上げる法人需要は大きな存在感があります。

しかも、法人需要でまとまったニーズがあるのは大手上場企業です。上場企業に対しては情報開示などについてさまざまな規則があり、近年重要になっているのが東証のコーポレートガバナンス・コードです。そうしたなかでＥＳＧ対応がいろいろ求められているのです。例えば、コーポレートガバナンス・コードの補充原則2－3①では次のように記されています。

「取締役会は、気候変動などの地球環境問題への配慮、人権の尊重、従業員の健康・労働環境への配慮や公正・適切な処遇、取引先との公正・適正な取引、自然災害等への危機管理など、サステナビリティを巡る課題への対応は、リスクの減少のみならず収益機会にもつながる重要な経営課題であると認識し、中長期的な企業価値の向上の観点から、これらの課題に積極的・能動的に取り組むよう検討を深めるべきである」

これは単なるお題目ではありません。上場企業はこの原則を採用するのかどうか、採用するとしたらどのように具体的に対応したのかや、逆に採用しないのであれば理由は何かといったことを説明するよう求められています。

対応に積極的な上場企業のなかからは、ESGに対応した社宅を利用しているということを投資家への説明材料の一つに利用する動きも出てきそうです。投資家側から上場企業に対し、社宅としてESG対応物件を選ぶように意見できるようになるとも考えられます。

電力各社の電気料(2022年7月時点上昇額は前年同月比)

北海道電力	8763円	(↑1212円)	
東北電力	8565円	(↑1322円)	★
東京電力	8871円	(↑1898円)	
中部電力	8516円	(↑1870円)	
北陸電力	7211円	(↑526円)	★
関西電力	7497円	(↑752円)	★
中国電力	8029円	(↑1103円)	★
四国電力	7915円	(↑906円)	★
九州電力	7271円	(↑782円)	★
沖縄電力	8847円	(↑1379円)	★
東京ガス	5886円	(↑1192円)	★
大阪ガス	6512円	(↑1137円)	
東邦ガス	7135円	(↑1312円)	
西部ガス	6659円	(↑969円)	

※各社の平均的な家庭の料金で、使用量の想定は一部異なる。★は燃料価格の料金への反映が上限に達した会社。カッコ内は前年7月からの増加額

出典：電力各社の電気料金燃料費調整のお知らせをもとに作成

省エネ＝お得という新常識

ロシアのウクライナ侵攻を受け、世界的にエネルギー価格が急上昇した影響で電気料金やガス料金はかつてない水準に達しています。

こうなると、建物の省エネ性は居住コストに直結します。かつて、多くの人にとって省エネ性は単にコストがかかるだけという印象でしたが、いまや省エネ性能が高ければ光熱費の節減で入居者のメリットが大きくなるのです。それが入居者確保や居住期間の長期化にもつながります。

6 金融情勢と金融機関の変化に注意

世界的に急速な物価上昇と金利上昇

不動産投資に大きな影響を与えるのが金融情勢です。アベノミクスの異次元金融緩和で長年ローン金利が低く抑えられてきましたが、ここにきて先行き不透明になってきています。

特に欧米で2022年に入り、急速に物価が上昇したため各国の中央銀行が本格的な金利引き上げに動き始めました。日本では引き続き日銀が大規模金融緩和を続けていますが、大幅な円安の進行が続くなかで金融政策のスタンスが変更される可能性が出てきています。

不動産投資では銀行融資（ローン）の利用が一般的であり、金利動向や金融機関のスタンスの変化が注目されます。

金融機関でも進むＥＳＧ／ＳＤＧｓ対応

中長期的に見れば、金融の分野でもＥＳＧやＳＤＧｓの視点が重要になっていくことは間違いないと考えられます。

例えば金融庁は２０２１年９月に「サステナブルファイナンス有識者会議」を設置し、２０５０年までのカーボンニュートラルの実現に向けた金融機関や金融資本市場の課題や対応案について検討を始めています。

金融機関でも今ＥＳＧやＳＤＧｓへの対応が急速に進んでいるところです。典型的なのが、ＺＥＨ住宅に対する住宅ローンで金利優遇を適用するケースです。

２０２２年10月からはＺＥＨ基準に適合する場合、住宅金融支援機構の融資「フラット35」の借入金利から当初５年間年０・５％、６年目から10年目まで年０・25％引き下げられることになっています。

現時点ではまだ住宅ローンが中心ですが、投資用不動産に対するローンについてもＺＥＨ基準に適合する場合、金利優遇される事例が出始めています。

日本でもいずれ金利上昇局面に入ると、金利優遇の重みが違ってきます。短期的な金融情勢の変化とともに、金融機関などの中長期的なスタンスのトレンドに注目したいと思います。

7 ESGと将来の賃料収入の予想

目標は長期的に安定したリターン

ESG不動産投資における究極の目標は、長期的に安定したリターンを確保することにほかなりません。

明確なデータはないものの、ESG投資に適した不動産とESG投資に適さない不動産の賃料収入に対しての投資家の意識には変化が表れています。

一般財団法人日本不動産研究所の「不動産ESG投資に関する投資家の認識について」

ESG投資に適した不動産と
ESG投資に適さない不動産との賃料収入に関する現在の認識

Q　現在、ESG投資に適した不動産の賃料収入は
そうでない不動産の賃料収入と比べて
どの程度の違いがあると思いますか？

	10% 超高い	6〜10% 程度高い	1〜5% 程度高い	特に 違いはない	1〜5% 程度低い	6〜10% 程度低い	10% 超低い
2016年 4月調査	0.0%	0.9%	**16.1%**	**82.1%**	0.9%	0.0%	0.0%
2017年 4月調査	0.0%	0.0%	**15.8%**	**83.2%**	1.0%	0.0%	0.0%
2018年 4月調査	0.0%	0.0%	**13.5%**	**86.5%**	0.0%	0.0%	0.0%

■2016年4月調査　■2017年4月調査　■2018年4月調査

出典：一般財団法人日本不動産研究所「不動産ESG投資に関する投資家の認識について」

ESG投資に適した不動産と
ESG投資に適さない不動産との賃料収入に関する将来認識
（10年後）

Q　10年後、ESG投資に適した不動産の賃料収入は
そうでない不動産の賃料収入と比べて
どの程度の違いがあると思いますか？

	10% 超高い	6〜10% 程度高い	1〜5% 程度高い	特に 違いはない	1〜5% 程度低い	6〜10% 程度低い	10% 超低い
2016年 4月調査	0.9%	**9.0%**	**57.7%**	**31.5%**	0.9%	0.0%	0.0%
2017年 4月調査	1.0%	**11.0%**	**59.0%**	**29.0%**	0.0%	0.0%	0.0%
2018年 4月調査	0.0%	**11.9%**	**65.3%**	**22.8%**	0.0%	0.0%	0.0%

■2016年4月調査　■2017年4月調査　■2018年4月調査

出典：一般財団法人日本不動産研究所「不動産ESG投資に関する投資家の認識について」

（２０１８年）によると、現在では「特に違いはない」という割合が高いのに対し、10年後については65・３％の投資家がＥＳＧ適合不動産はそうでない不動産よりも家賃収入が1～5％高くなると予想しています。また、11・９％の投資家は、６～10％高くなると予想しています。さらにこれらの割合は年々増えています。

なぜＥＳＧ不動産投資は儲かるのか？

国土交通省が公表した「不動産鑑定評価におけるＥＳＧ配慮に係る評価に関する検討業務報告書」（２０２１年）では、「なぜＥＳＧ不動産投資は儲かるのか」について分析しています。

ポイントは次のとおりです。

不動産投資では、毎月の賃料収入（インカムゲイン）とともに、物件そのものの市場価値が上昇することで売却益（キャピタルゲイン）につながります。

10年、20年のスパンで物件が生み出す収益（インカムゲインとキャピタルゲインの合計）をもとに、当初の投資額に対する割合を計算する収益還元法を考えると、例えばオフィスビルがＥＳＧに配慮した物件であれば環境や健康、快適性、安全性に配慮するテナント企業のニーズが集まります。多くの企業にとってＥＳＧ対応はいまや待ったなしですし、人材戦略の点でも健康経営やオフィス環境の重要性が高まっているからです。その結果、賃料は上がり空室率は低下して賃料収入（インカムゲイン）は増加するはずです。

賃貸住宅はオフィスビルほどではないでしょうが、ＥＳＧに配慮した物件は環境意識とともに収入も高い入居者のニーズに応えることができます。そうした物件はＥＳＧ対応を進める企業の社宅ニーズにもマッチするはずです。

費用の面では、ＥＳＧ対応物件は省エネ性が高く、テナントにとっては光熱費が下がる可能性があり、それがまた募集メリットとなります。ただ、建物や設備のグレードを上げることは投資家にとってはコストアップとなるため、バランスを考慮する必要があります。

もう一つ、収益還元法のカギを握るのがキャップレート（還元利回り）です。キャップレートは不動産投資で物件価格の妥当性を判断する重要な指標です。

還元利回り（%）＝1年間の利益（家賃収入－経費）÷不動産価格（円）×100

一般的には、立地（都心部か郊外や地方かなど）、物件種別（オフィスビルか賃貸マンションかなど）、築年数などによってキャップレートは異なり、それぞれ多くの事例を基に一定の目安とされる数値があります。

一方でキャップレートには、投資家が物件に求める利回り（期待利回り）という意味もあります。例えば、その国、その地域を代表するような立地にあって、規模やグレードにおいてほかに比較できるような物件がない場合、つまりオンリーワンの物件ではキャップレートはかなり低くなります。逆に、郊外や地方で競合物件が多く、規模やグレードも見るべき点のない物件はキャップレートが高くなります。

そして、収益の額が同じでも、キャップレートが低いほうが物件価格は高くなります。

例えば、1年間の収益が120万円の場合、キャップレートが6％であれば物件価格は2000万円です。一方、キャップレートが3％なら物件価格は4000万円と倍になります。

不動産価格＝１年間の利益（家賃収入－経費）÷還元利回り（％）

ＥＳＧに配慮した物件については将来にわたって環境意識などの高い入居者のニーズが高く、金融庁からＥＳＧ対応を求められている金融機関も融資に積極的であると考えられ、中古市場で購入したいと考える投資家が増えると予想されます。その結果、期待利回りとしてのキャップレートが下がり、不動産の価値が上がるのです。

こうした好サイクルが形成されることがまさに、「ＥＳＧ不動産投資が儲かる」という説明を理論的に裏づけることになるのです。

国土交通省の報告書では、ほかにもＥＳＧ不動産投資についていくつかの先行研究が紹介されています。

ESGが不動産の価値に及ぼす定量分析結果(先行研究の概要)

(1) 賃料に及ぼす影響

CASBEE不動産	2014年度スマートウェルネスオフィス研究委員会のCASBEEと賃料の相関分析によると、「CASBEEビル(CASBEEの認証取得あるいは地方自治体への届出を行っているビル)は非CASBEEビルに比べて賃料が坪あたり約564円(賃料比3.64%)高い」「CASBEEランク1ランクあたり、賃料が坪あたり約264円(賃料比1.7%)高い」「CASBEEスコア1点あたり、賃料が坪あたり約79円(賃料比約0.46%)高い」との結果が報告されている。
CASBEE-WO	SDGs-スマートウェルネスオフィス研究委員会・ウェルネスオフィスの便益検討部会によれば、CASBEEウェルネスオフィスと賃料(2020年)の関係として、「CASBEE-WOスコア1点が234円/坪に相当する」との知見が得られたと報告されている。
DBJ Green Building認証	日本不動産研究所が、J-REIT保有物件のオフィスを対象に、DBJ Green Building認証と賃料の相関関係を調べた調査によれば、2015年は相関が見られなかった。同様の分析を継続的に行っており、2016年は11.4%高い(10%有意水準)、2017年は11.9%高い(5%有意水準)、2018年は12.2%高い(1%有意水準)、2019年は6.9%高い(1%有意水準)結果が報告されている。同調査で最新の2020年については、本認証保有物件はそうでない物件に比べて5.9%賃料が高い(4つ星~5つ星群について)と報告されている。
環境認証(ザイマックス不動産総合研究所)	ザイマックス不動産総合研究所が2013年1月~2014年12月の賃料サンプルが得られるビルについて分析した結果によれば、「立地、規模、築年などの影響を取り除いても、環境認証を(CASBEE・CASBEE不動産・DBJ Green Building認証のうち1つでも)取得しているビルは取得していないビルに比べ、約4.4%賃料が高いこと(95%信頼区間は+2.1%~+6.6%)が確認された」と報告されている。

(2) キャップレートに及ぼす影響

DBJ Green Building認証	日本不動産研究所が行ったJ-REIT保有物件を対象としたDBJ Green Building認証とキャップレートの相関分析によれば、DBJ GB認証を取得しているオフィスのキャップレート(決算時公表データ)は認証のないオフィスと比べて、2019年は7.5bp低い、2020年は11.5bp低いという結果が報告されている。

出典:国土交通省「不動産鑑定評価におけるESG配慮に係る評価に関する検討業務報告書(2021年3月)」

8 ＥＳＧ不動産投資のメリット

関係者それぞれのメリット

以上のような点を踏まえ、ＥＳＧ不動産投資がもたらすメリットを関係者別に整理すると、投資家にとってはまず省エネ性のアップにより建物の長寿命化と生涯費用ＬＣＣ（Life Cycle Cost）の削減が期待できます。

従来の日本の住宅（建物）は短期間でその価値が失われ、20年から30年程度で建て替えられるのが当たり前でした。しかし、それでは建築廃棄物が大量に発生し、二酸化炭素の排出も増えます。省エネ性のアップは建物の経年劣化を抑える効果もあり、生涯費用が下がることで投資効率が良くなるのです。

また、Ｚ世代をはじめ環境意識の高い入居者の確保で優位に立てます。こうした入居者は基本的に所得も高く、自分が納得すれば周辺相場より高い家賃も認めてくれます。

ESG不動産投資がもたらす関係者別メリットの例

	投資家	入居者	銀行
E（環境）	建物の長寿命化とLCCの削減による投資効率のアップ	・光熱費の削減 ・快適で健康な居住空間の確保	融資を通じた気候変動対策への貢献
S（社会）	景観保護などの貢献による地域からの評価	地域の文化・伝統との触れ合い	融資を通じた地域社会への貢献
G（ガバナンス）	・意識の高い入居者の確保 ・銀行ローンでの有利な条件 ・出口戦略において次の投資家を探しやすい	ESGに配慮した物件に住む満足感や安心感	融資を通じた金融庁の指針などへの対応

さらに、投資家にとって最大のメリットは、出口戦略として次の投資家を探しやすくなることです。築年数が経っても省エネ性などで高い競争力を保つ物件は、賃料が下がりにくいだけでなく、ローンが付きやすいので次の投資家にとって魅力があり、市場価格が維持されやすいといえます。

第4章

省エネ基準を満たした建物、立地環境との親和性……
ESG不動産投資を成功させるための条件

1　ESGの観点から どのような物件を選べばよいのか？

建物、立地環境、融資の視点

さまざまな投資のなかで不動産投資はとりわけ長期的な視点からの取り組みが前提になります。これから10年後、20年後の社会や経済の状況を想定したとき、不動産投資ではESGの視点がますます重要になっていくはずです。

それでは具体的にどのような物件を選べばよいのか、建物（特に省エネ性）、立地環境、融資という3つのポイントから考えてみます。

長期スパンの取り組みに有利なＲＣ

不動産投資の対象となる建物には、戸建て／区分マンション／一棟マンション／一棟アパートといった種別のほか、木造／ＲＣ造／軽量鉄骨造といった建物の構造の違い、さらに新築／中古の違い、および築年数などの要素があります。

長期スパンで取り組むという点から考えると構造がまずポイントになります。結論からいえば、構造は耐久性の点でＲＣ造、つまり鉄筋コンクリート造が有利です。

ＲＣとはReinforced Concreteの略で、「鉄筋によって補強されたコンクリート」という意味です。鉄筋は引張力に優れている一方、錆《さ》びやすく火災などの高温に弱いという弱点があります。コンクリートは熱や圧縮力に強い半面、引張力に弱いという弱点もあります。ＲＣ造はこの鉄筋とコンクリートを併用することで、両者の弱点を相互に補い合い、変形しにくく高い耐久性を出す工法です。また、ＲＣ造は重量があるので基礎杭を強固な地盤まで打ちます。こうしたことから木造や軽量鉄骨造に比べて地震や火災、水害などに強いのです。ただし、構造に関係なく定期的なメンテナンスは欠かせません。

新築と中古の違い

建物のもう一つのポイントが新築／中古の違い、および築年数です。新築と中古については基本的に新築が有利です。耐震性についていえば、１９８１年６月以降の新耐震であることは必須です。さらに現在、省エネ性の基準が大きく変わろうとしています。新しい基準に合致していない建物は既存不適格とされ、耐震性（旧耐震）と同じように将来、市場価値が低下するリスクがあります。

2 建物の省エネ性について

これからはZEH基準が常識

ESG不動産投資で今後、大きく注目されるのが建物の省エネ性です。これは直接的に

2020年度のZEHの普及状況

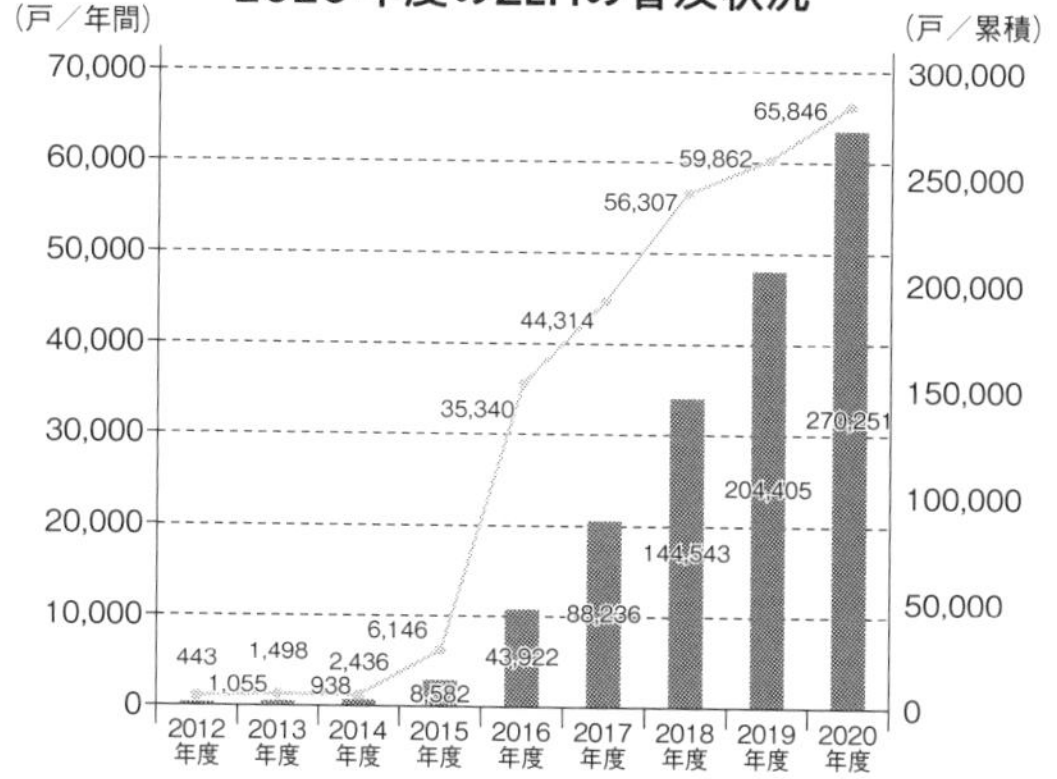

注）2015年度まではネット・ゼロ・エネルギー・ハウス支援事業の交付決定件数。
2016年以降は、ZEHビルダー/プランナー制度に登録している建築事業者により供給されたZEHを集計。
折れ線は年間でのZEH供給実績、棒線は2012年からの累積の供給実績。
出典：ZEHロードマップフォローアップ委員会
「更なるZEHの普及促進に向けた今後の検討の方向性等について」

はＺＥＨ基準をクリアしているかどうかが目安となります。

ＺＥＨは２０１２年から経済産業省の支援事業が開始されています。当初は大手ハウスメーカーなどの戸建て住宅が対象でした。具体的には省エネと創エネ（太陽光発電）で住宅の設計一次エネルギー消費量が１００％削減可能なものを「ＺＥＨ」、75％削減可能なものを「Nearly ZEH」として定めました。

２０１８年5月にはＺＥＨのさらなる普及拡大につなげるため、都市部狭小地域や多雪地域などの制約がある地域もＺＥＨを目指すことができるよう、「ＺＥＨ

ZEHの３要素

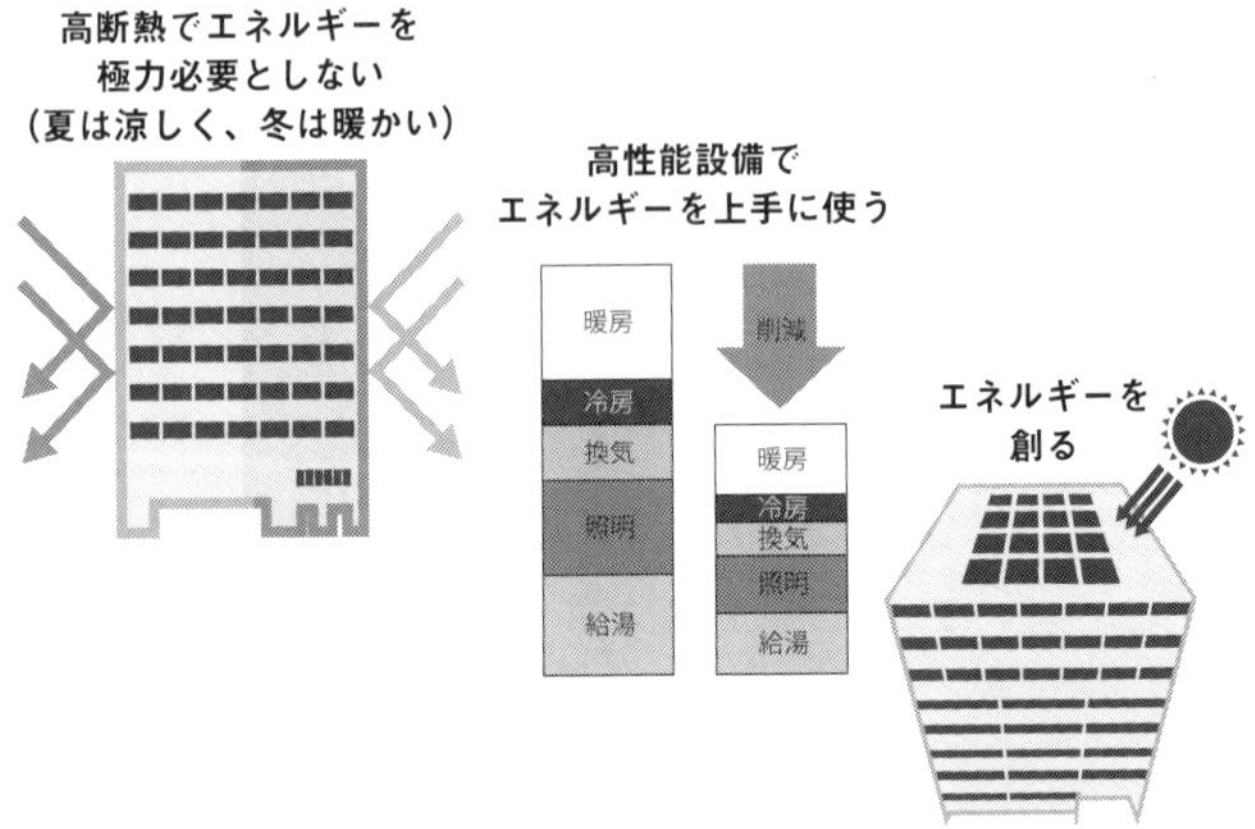

出典：資源エネルギー庁「ZEHに関する情報公開について」

Oriented」の定義が設けられました。ZEHは２０２０年度の年間の供給実績で約６・６万戸、累積の供給実績で約27万戸にまで達しています。

「高断熱」「省エネ」「創エネ」が鍵

ZEH基準をクリアするには基本的に３つの要素が関係します。すなわち、高断熱、省エネ、創エネです。

高断熱のためには、外壁や屋根などに高機能な断熱材を使うこと、窓枠に樹脂素材を使用すること、複層ガラス（ペアガラス）を使用することが重要です。

省エネのためには、エネルギーの消費効率の良い給湯器（エコジョーズ、エネファーム、エコキュート）を使います。エネルギーの消費効率の良いエアコン、床暖房、換気設備、LED照明などを設置することも大切です。

創エネのためには、屋根にソーラーパネルを搭載して、太陽光により発電します。ただし、狭小地やマンションなどでは設置が難しく、不利になりやすい点には注意が必要です。

マンション向けZEHも2018年からスタート

マンションについてのZEH制度は、2018年からスタートしました。住棟単位と住戸単位に分けて、次の4種類があります。

「ZEH-M（ゼッチ・マンション）」
「Nearly ZEH-M（準ゼッチ・マンション）」
「ZEH-M Ready（ゼッチ・マンション・レディ）」

集合住宅におけるZEHの定義と目指すべき水準

〈住棟単位〉

		評価基準			
		ZEH-M（ゼッチ・マンション）	Nearly ZEH-M（準ゼッチ・マンション）	ZEH-M Ready（ゼッチ・マンション・レディ）	ZEH-M Oriented（ゼッチ指向型マンション）
住棟または住宅用途部分（複合建築物の場合）	UA値が全住戸でZEH基準	・強化外皮基準 ・省エネのみ20％減 ・再エネ含め100％減	・強化外皮基準 ・省エネのみ20％減 ・再エネ含め75％減	・強化外皮基準 ・省エネのみ20％減 ・再エネ含め50％減	・強化外皮基準 ・省エネのみ20％減
	目指すべき水準	1～3階において目指すべき水準		4～5階において目指すべき水準	6階建以上において目指すべき水準

〈住戸単位〉

	評価基準			
	ZEH-M（ゼッチ・マンション）	Nearly ZEH-M（準ゼッチ・マンション）	ZEH-M Ready（ゼッチ・マンション・レディ）	ZEH-M Oriented（ゼッチ指向型マンション）
住宅	・強化外皮基準 ・省エネのみ20％減 ・再エネ含め100％減	・強化外皮基準 ・省エネのみ20％減 ・再エネ含め75％減	・強化外皮基準 ・省エネのみ20％減 ・再エネ含め50％減	・強化外皮基準 ・省エネのみ20％減

出典：資源エネルギー庁「集合住宅におけるZEHロードマップ検討委員会とりまとめ」

ZEH認定証（例）

「ZEH-M Oriented（ゼッチ指向型マンション）」

それぞれ住棟単位と住戸単位で評価基準が定められており、クリアした物件には上図のような評価証が交付されます。

3 立地環境について

地域が有する価値とポテンシャル

不動産はそれ自体で価値を生み出すものではなく、不動産が立地している地域との関係で資産価値が生まれます。特にＥＳＧ

不動産投資では「S」に関わる立地環境が大きなポイントです。

立地環境とは、地域が有するさまざまな価値と潜在的な可能性（ポテンシャル）のことです。具体的には人口動態、経済活動、行政の姿勢、街並みなどの景観、歴史や文化、人々の意識などが関わってきます。

国内での不動産投資は現時点では、東京を中心とする首都圏が圧倒的な人気を誇っています。海外からの投資資金もオフィスビル、レジデンス（マンション）、物流施設を中心に首都圏に集中しています。最近の円安でその勢いはさらに加速しているようです。

ただ、投資には「山高ければ谷深し」という格言があります。急速に値上りした投資対象はその後、急落するということは過去に繰り返されており、不動産投資でも、そのことは意識しておいたほうがいいと思います。

都市のSDGs対応

ESGの視点で都市を比較する際、参考になるのが、「日経グローカル」の「SDGs

先進度調査」です。２０２０年10～11月の第２回調査では８１５市区が対象となり、「経済」「社会」「環境」の３項目で評価されて、合計ポイントで総合ランキングが出されています。

上位のエリアは、人口密集地や大規模工業都市となっており、それぞれの取り組みの積極性がうかがえます。なかでも２位の京都市は前回１位で連続上位ランクインをしているうえに、３項目すべてで前回より評価を上げており、その意識の高さは抜きんでていると感じます。

京都市は現在の気候変動対策の原点となったＣＯＰ３の「京都議定書」が１９９７年12月に調印された都市であり、環境分野での取り組みにたいへん積極的です。２００９年には国が定める環境モデル都市に選定され、２０３０年までに温室効果ガス排出量50％削減、２０５０年には大都市初めてのゼロカーボンシティに挑むことを打ち出しています。

環境モデル都市は現在、日本全国に23都市あり、最新の２０１８年度取組評価では京都市が最も高い評価（24点）を受け、６年連続でトップを続けています。

また、国際的な環境非営利団体であるＣＤＰ（本部・英国）の気候変動対策の調査で京都市は２０２１年、８段階で最上位のＡ評価を獲得しました。ＣＤＰでは企業や都市を対象に約80項目について専門家が評価します。２０２１年は世界９６５都市のうち95都市がＡ評価を得たのです。国内では京都市のほか、東京都と横浜市が選ばれています。

世界レベルの「住みたい街」

日本のなかで京都というと、観光で訪れるイメージがいまだに強いようです。しかし、京都を何度も訪れるうち、京都に住みたいと考える移住希望者も実は多いのです。さらに昨今は外国人も加わり、いまや京都は世界レベルで「住みたい街」となっています。

京都は古都としてのたたずまいを残しながら、都市としての利便性も高い、ハイブリッド型の都市です。子育て世代にとっては、緑が豊かなこと、レベルの高い学校が多いこと、現役世代にとっては観光業をはじめ雇用が多いことなど、観光だけでなく暮らす街としても非常に多彩な魅力を備えています。

しかし、京都はほかの都市では見られないほど居住用の空き物件が少なく、なかなか京都暮らしの夢をかなえるのは大変です。というのも、先祖代々住んでいる京都ネイティブの住民が多く、彼らは滅多なことでは土地を手放しません。たまに相続税などの関係で手放される土地が出たとしても、大型マンションが建つほどの敷地ということはまずありません。

マンションが建つことになったとしても、京都は景観保全のためにさまざまな規制があり、大型の高層マンションは建てられません。つまり居住用の物件が爆発的に増えることがないのです。

大学生の人口比率は全国一

賃貸用のマンションも同じです。京都市内の賃貸マンションは単身者向けのほうがファミリー向けよりも多く、しかも数が少ないうえに希望者が多いのが特徴といえます。

賃貸需要のベースになっているのは大学生です。京都には京都大学や同志社大学をはじめ多くの大学があり、学生数は増えています。2022年には大学生が16万6137人、短大生が2906人、合計16万9043人います。また世界中から約1万2000人の留学生がやってきて京都で学んでいます。

2020年の国勢調査では、京都市の人口は約146万人なので、人口の1割以上が学生ということになります。人口に占める学生の割合は国内で断然1位です。しかも、約半数が自宅から通学不可能な地域の出身で、今後も京都ブランドに憧れる学生が全国から集まることは想像に難くありません。

かつて学生の住居といえば下宿などもありましたが、今は女子学生を中心にワンルームマンションが一般的です。単身者用マンションは常に求められており、春の引っ越し時期に空き物件を探すのは本当に大変です。

この傾向に拍車を掛けているのが単身者向けマンションの供給の少なさです。少し前のデータになりますが、東京23区と比べ京都市の総人口は約6分の1なのに対し、単身者向けマンションの供給数は33分の1に過ぎません（2016年）。

なお、今後少子化が進むと学生の数が減るのではないかと考える人もいます。確かに、

主要都市の大学生人口比率

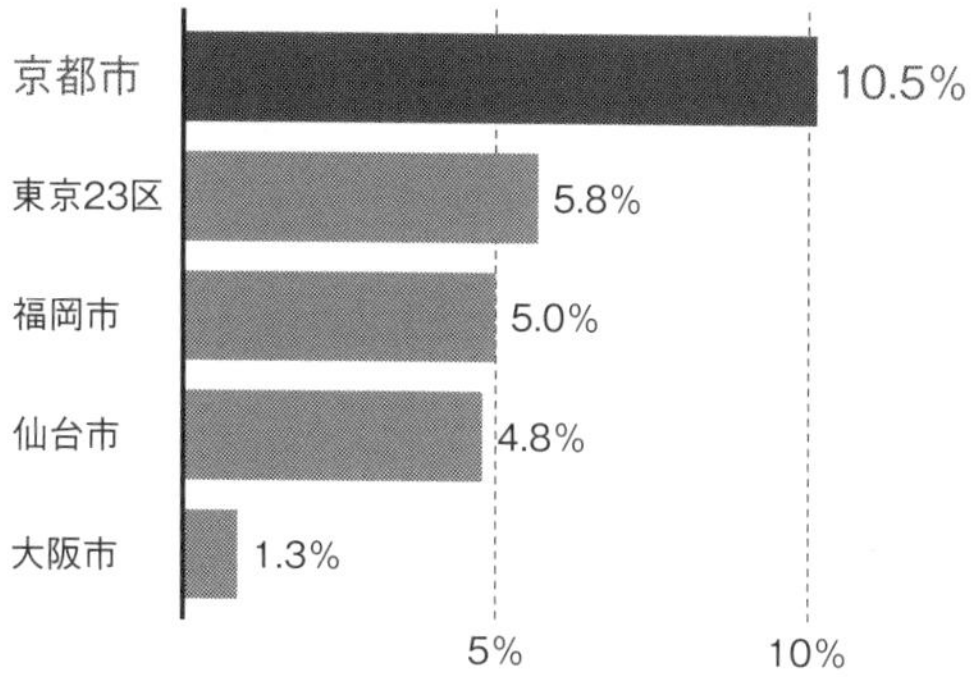

出典：2020年総務省統計局のデータベース、2020年度文部科学省学校基本調査

京都市の学生数の推移

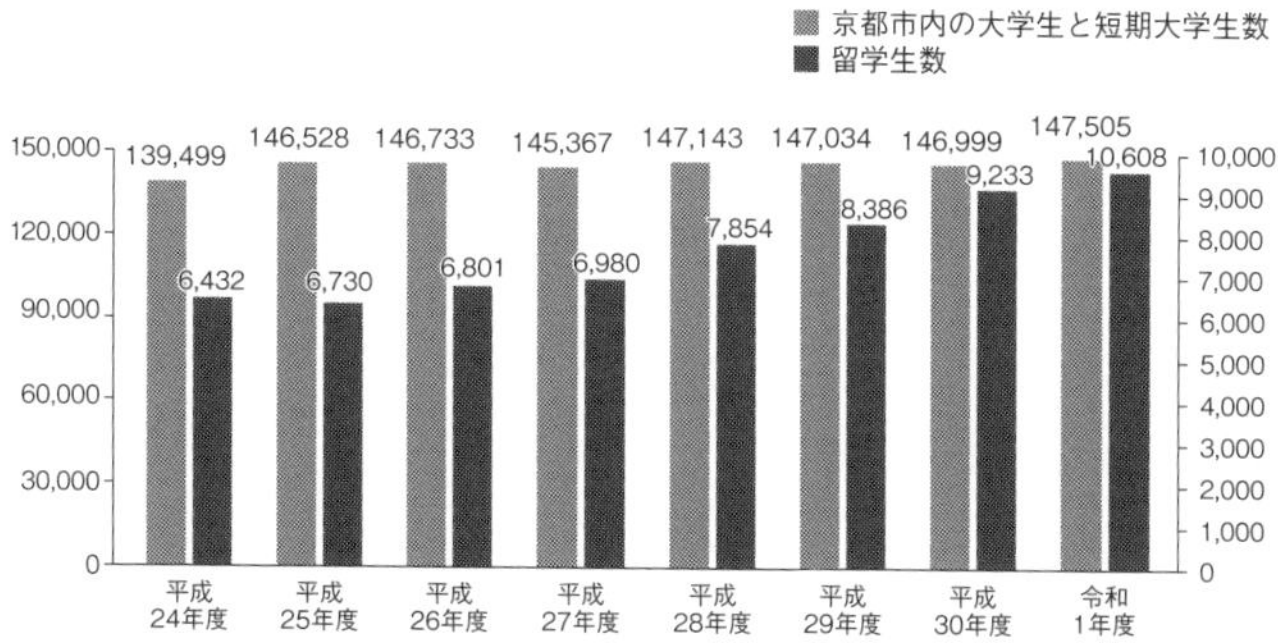

出典：文部科学省「学校基本調査」

京都市内への大学キャンパスの移転例

大学名	移転先	内容
佛教大学	京都市中京区	2011年に京都市中京区のJR二条駅前に二条キャンパスを新設。
同志社大学	京都市上京区	2013年に4学部の1、2年生を京都府京田辺市の京田辺キャンパスから京都市上京区の今出川キャンパスへ移転。
京都先端科学大学	京都市右京区	2015年に京都府亀岡市の京都亀岡キャンパス、2015年に京都市右京区に京都太秦キャンパスを新設。大学本部を京都市内へ変更。
龍谷大学	京都市伏見区	2015年に国際学部を再編し滋賀県大津市の瀬田キャンパスから京都市伏見区の深草キャンパスへ移転。

少子化は大学生数の推移に大きな影響を及ぼします。また過去には一時期、都市の機能を郊外に移転させようという国の方針があり、大学が旗振り役となってキャンパスを郊外に移転した時期がありました。

しかし、少子化＝大学の経営問題でもありますので、大学側も少子化時代に学生を集めるため、さまざまな改革を進めています。その一環としてここ10年ほどで郊外にあった大学キャンパスが、京都市内に戻ってきています。こうなると京都市内に住む大学生数は増えこそすれ減るとは考えにくいのです。

学生以外にも根強い賃貸需要

京都市内の単身者向けマンションに住みたいのは、学生に限った話ではなく、市内で働く若者たちも職場の近くで賃貸物件を探しています。

こうした若者の雇用を担っているのが、京都の観光業界です。日本一の人気を誇るといっても過言ではない京都は国内はもちろん世界中から多くの人を惹きつける観光都市です。その魅力が持続しているからこそ、観光業界は安定した雇用を生み出し、若者も数多く流入して、単身者向けマンションのニーズも高くなっています。

外国人宿泊客数・観光消費額は新型コロナウイルスの感染拡大前までは過去最高を5年連続で更新していました。

２０１８年の京都観光総合調査によると、京都を訪れた観光客は５３００万人で、うち外国人は４５０万人にのぼり、観光消費額は過去最高の１兆３０００億円を記録しました。10年前と比べ、おおよそ2倍の成長です。

確かに、コロナ禍では大きく落ち込み、外国人宿泊客数は２０２１年には２０１９年比

京都における外国人宿泊数・観光消費額の推移

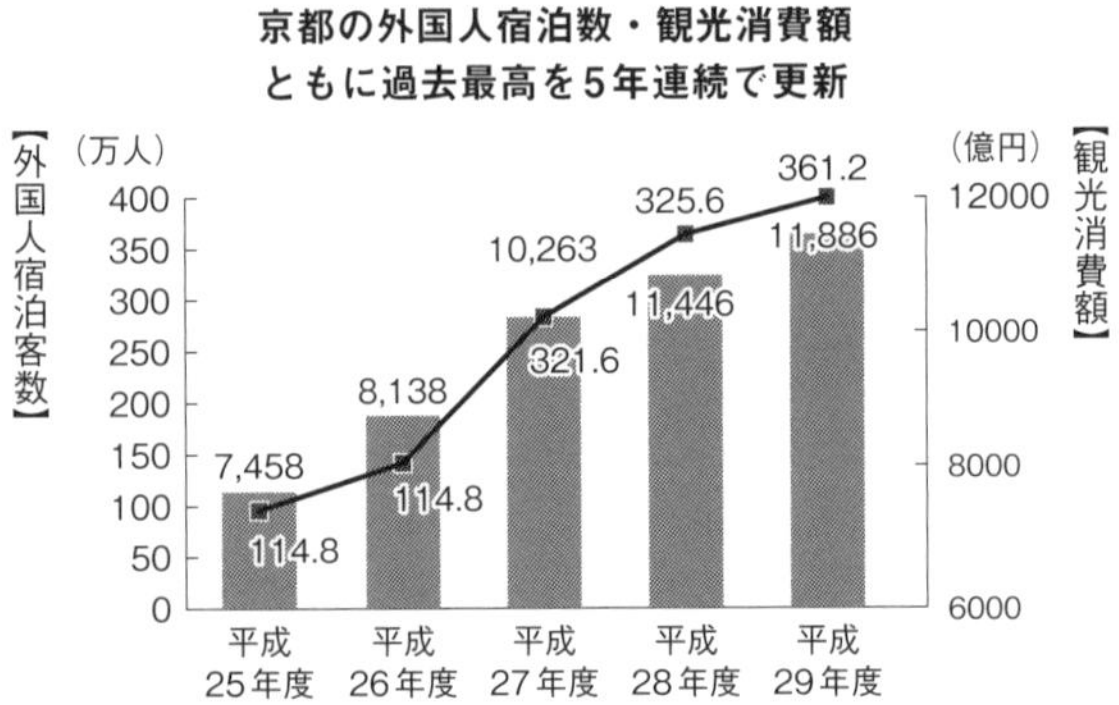

出典：京都市「京都観光総合調査」

主な調査結果			
区分（実人数）	令和３年	令和２年比	令和元年比
宿泊客数	516万8千人	▲2.7% （531万0千人）	▲60.7% （1,316万6千人）
外国人宿泊客数※1	5万4千人	▲88.0% （44万9千人）	▲98.6% （379万9千人）
修学旅行生数	24万6千人	＋56.7% （15万7千人）	▲65.1% （70万4千人）

※1　外国人宿泊客数には日本在住の外国人も含みます。

（参考）観光客数等の独自推計※2			
区分	令和３年	令和２年	（参考）令和元年比 京都観光総合調査結果
宿泊客数	2,102万人	2,519万人	5,352万人
観光消費額	4,457億円	4,535億円	1兆2,367億円
経済波及効果	4,885億円	4,980億円	1兆3,569億円

※2　観光客数等は本市独自推計による参考値であり、令和元年以前の数値と時系列等による比較はできません。

出典：京都市「令和3年（2021年）観光客の動向等に係る調査について」

で98％も落ち込みました。しかし、ここにきてコロナ禍もかなり落ちついてきて、今後はコロナ前の状況に徐々に戻ると考えられます。

日本一の観光都市としてのブランド力をもつ京都が復活する日は近いと思います。

京都で物件供給数が増えない理由

京都は学生をはじめ単身者の賃貸ニーズが人口比で見て東京以上に強いのに、物件の供給数が増えないのにはいくつかの理由があります。

一つは古都ならではの古い街並みが残っていることです。京都市内は中心部でも、平安時代のままの区画が残っており、6メートル以下の道幅の狭い道路が多く、そのため容積率の制限が非常に厳しくなっています。

また、京都市には「新景観政策」といわれる厳しい景観規制があります。

以前はいちばん高い建物が許可されている地域で45メートルまでだったものが31メートルに変更され、マンションならおよそ11階建てが限度となりました。しかも31メートルが

京都市内における建築物の高さ制限の概要

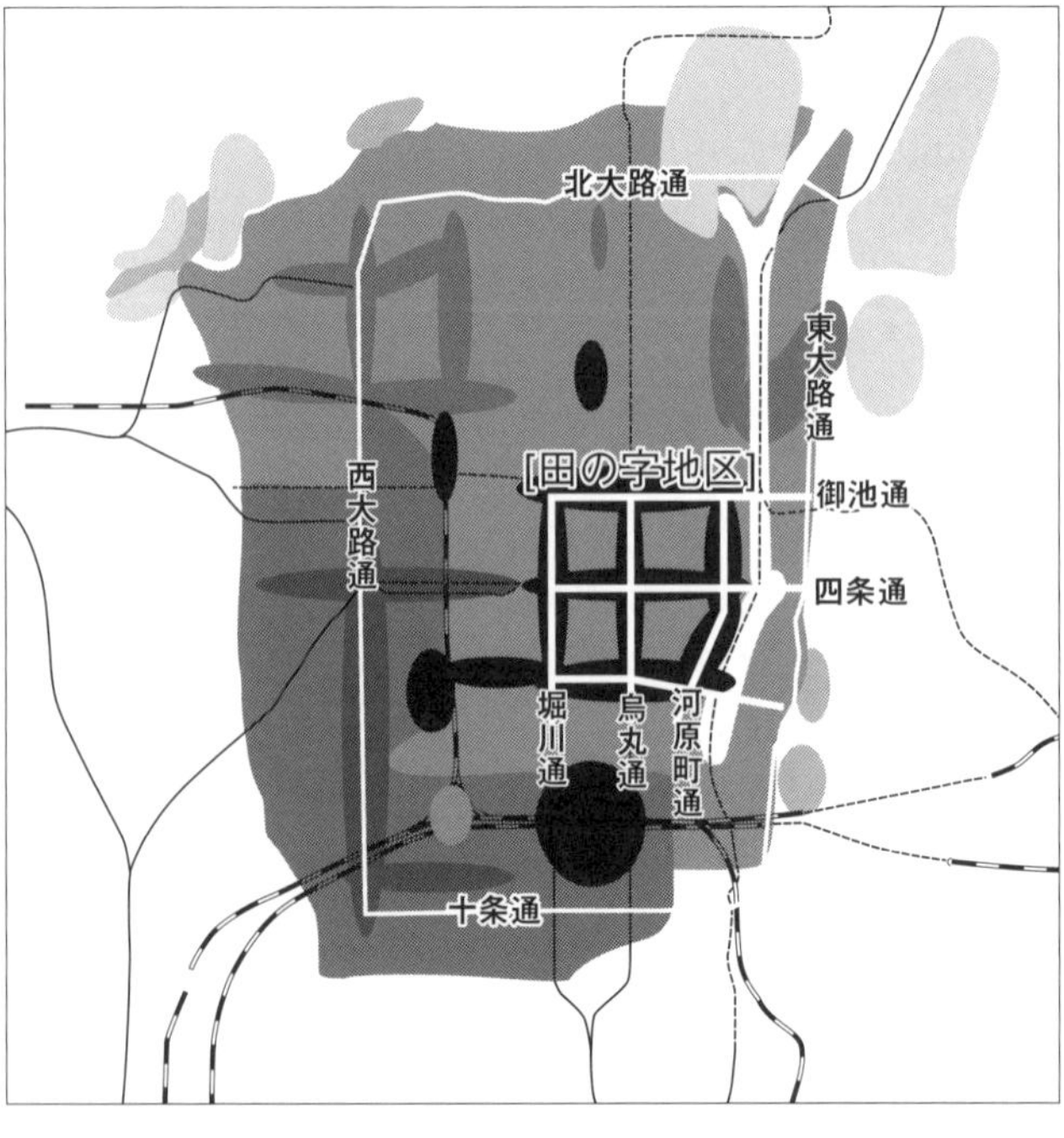

出典：京都市「京の景観ガイドライン」をもとに作成

京都市内における「眺望景観保全地域」における3つの区域

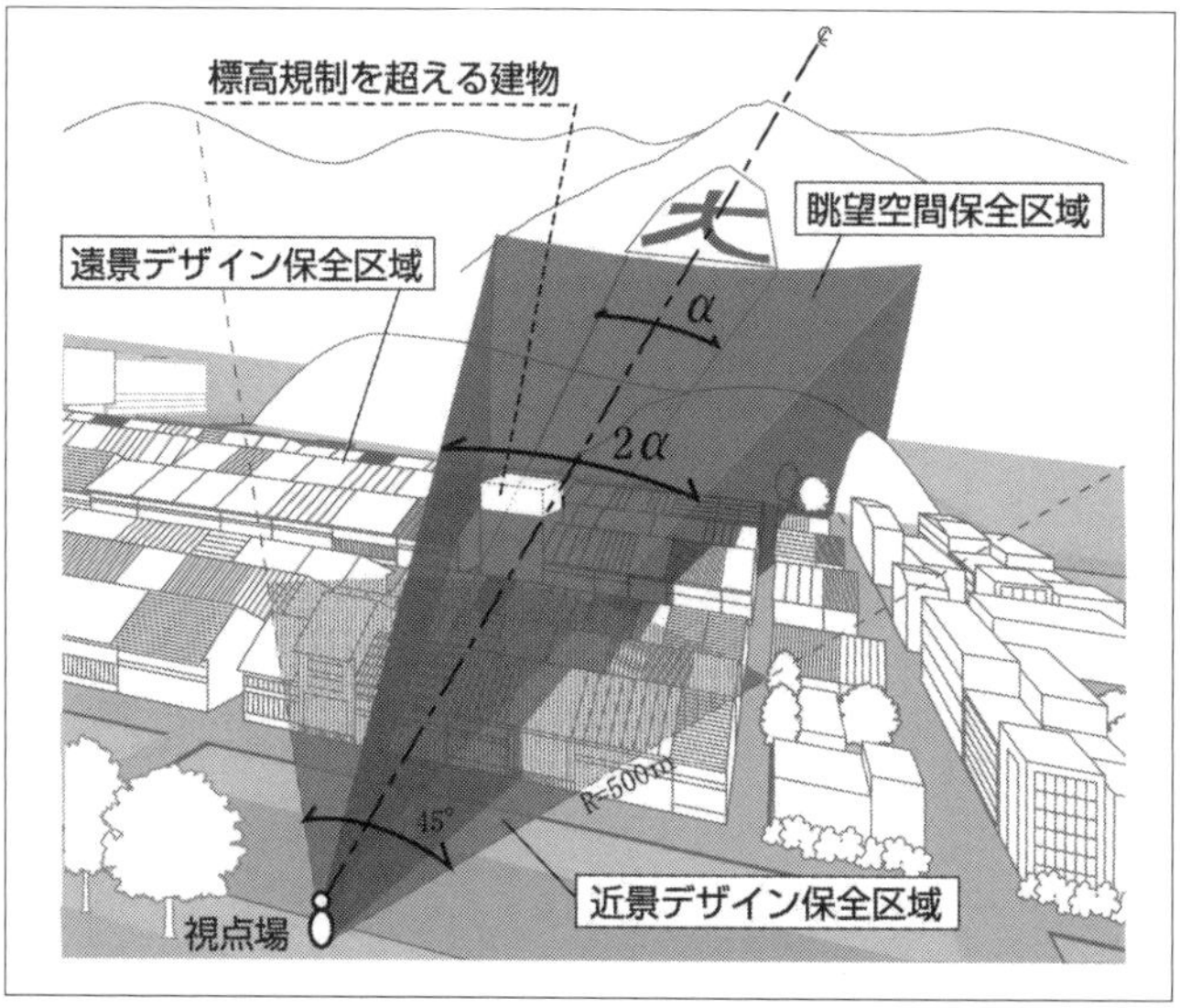

眺望空間保全区域：視点場から視対象への眺望を遮らないように建築物などが超えてはならない標高を定める区域

近景デザイン保全区域：視点場から視認することができる建築物などが、優れた眺望景観を阻害しないように形態、意匠、色彩について基準を定める区域

遠景デザイン保全区域：視点場から視認することができる建築物などが、優れた眺望景観を阻害しないように外壁、屋根などの色彩について基準を定める区域

出典：京都市「京の景観ガイドライン」

許可される地域はそれほど多くなく、住宅需要が見込まれる生活利便性の高い多くの地域ではほとんどが20メートルや15メートルが上限となっています。

さらに、眺望規制として、京都の夏の風物詩、五山の送り火など京都市内に49カ所ある視点場から見えなくなるような高さの建物が建てられないことになっていますし、建物は景観上、それぞれの場所に応じて街並みと調和するデザインでなければならないというデザイン規制、さらに屋上看板の禁止や屋外看板の色・大きさを規制した屋外広告物規制なども設けられています。

こうした厳しい景観規制は私たちデベロッパーや建築業者にとっては頭痛のタネです。新築マンションの建築に適した商業地域でも超高層ビルやタワーマンションを建てることができないだけでなく、物件の建築コストもはね上がるのが京都市です。

しかし、逆にいうとそうした厳しい規制のおかげで、京都市はこれだけの需要がありながら乱開発を免れ、京都らしい魅力を維持し続けています。さらに新規の物件供給が抑制されることにより、賃貸物件の価値が将来にわたって希少性の高さを与えられ、資産価値が維持されやすいということにもなります。

京都市が目指す「5つの都市デザイン」

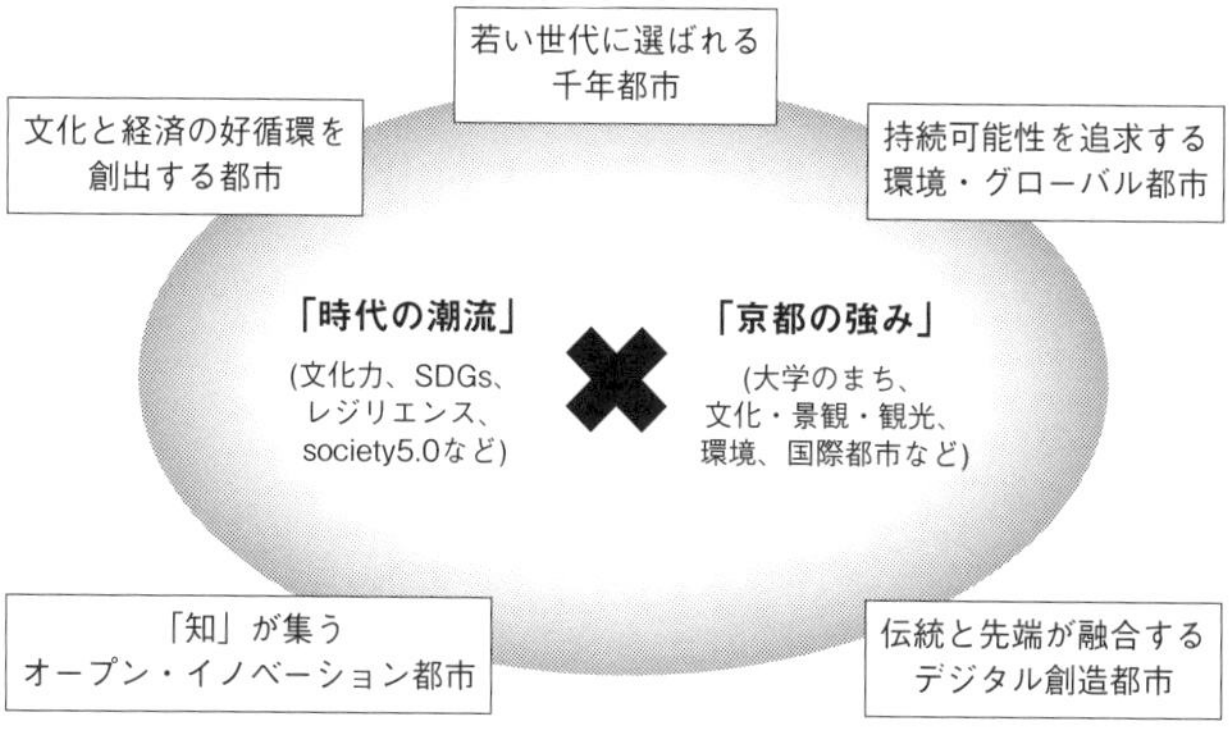

出典：京都市「都市の成長戦略～進化する戦略～」

忘れてはならない都市の成長戦略

京都市は多くの大学が集積する文化学術都市であるとともに、京セラや村田製作所、オムロン、任天堂、日本電産などといったオンリーワンの価値をもつユニークな有力企業を世に出してきた産業都市でもあります。

京都市では、2022年度に「都市の成長戦略～進化する戦略～」を発表しました。都市の魅力や活力を市民の豊かさにつなげ、人と企業に選ばれる好循環へ向けて新たな価値を創造する「5つの都市デザイン」の実現を目指すとしています。このうち「持続可能性を追求する環境・グローバル都市」の実現に向けては、ESG投融資を呼び込むプロジェクトを推進するとしています。

こうした総合的な評価で投資対象として京都市に注目するという視点が、ESG不動産投資を検討するうえでの分かりやすい一例となります。実際、京都市がESG不動産投資の有力な選択肢の一つであるのは確かです。

不動産投資のカギを握る管理運用

京都市は世界有数の歴史都市・観光都市であり、建築基準なども非常に厳格に定められています。このことが不動産投資での競争優位性を生み、京都市が投資の穴場としてあり続けている要因になっているのです。

しかし、京都市で不動産投資をすれば必ず成功すると考えるのは早計です。不動産投資の成否を分けるのが、その後の管理運用であることは京都市での不動産投資であっても変わりありません。

例えば、私たちのグループは賃貸管理戸数約２６００戸、建物管理（ここでいう建物管理とは管理組合から委託を受けるマンション管理）約１００棟を管理しており、賃貸管理と建物管理を極力同じ会社で行うことにより、総合管理会社として徹底したコストカットにつなげ、１棟あたりの戸数が少ない京都のマンションでも低管理費を維持しています。

賃貸マンションの管理業務では、専有部は賃貸管理会社、共用部は建物管理会社と、通常は異なる会社が行い、同じ「管理」と名のつくものに、二重の経営コストをかけているのが業界標準です。そこを一貫して自社で行い、オーナーに二重の経営コストをかけさせるのではなく、経営資源の集中や業務上の情報やリソースの共有など経営効率向上の工夫をしています。

また、業務効率向上という点では、京都市をメインの守備範囲にしていることも有利にはたらいています。もともと京都の市街地はそれほど広範囲にわたるものではなく、オフィスがある四条烏丸《しじょうからすま》から、自転車で回れる範囲に大半の物件があるのです。そのため、入居者や建物の管理上、必要に応じてすぐに社員が駆けつけることができるのです。仮に空室が出た場合でも、取引している賃貸仲介会社の約１５０の店舗のほとんどが近隣にあるため、少人数の営業人員で回ることができるのです。

こうしてコストカットを重ねた成果は、同業他社と違うサービス創出に向けることができますし、それはオーナーを惹きつける力にできます。京都で不動産に携わるといっても、生き残って評価を高めていくための積極的な管理運用は欠かせないのです。

投資家との距離感を大切に

ESG不動産投資においては、投資家が物件に興味をもち、十分にその価値を吟味して評価することが非常に重要です。業者がもち込んだ話に乗せられて場所を見もせずにお金のやり取りだけをするのを完全に否定はしませんが、ESGによるリスク低減と安定リターンを多くの人が意識するようになることが、業界全体でもトラブルを減らす好循環を生み出すのだと考えています。

この点でも、京都はESG向きの町だといえます。京都市での不動産投資を考える人の多くは、自分も京都が好きというケースが多く、せっかく京都市に物件をもっても自分は使えないのが残念という声をよく耳にしていました。また自分が所有している物件の住み心地を体験したいという声も多く聞かれ、そうした投資家を相手にしていると、開発に取り組むうえでESGを非常に強く意識させられます。

これは施策の一例ですが、私の会社では、物件を購入し管理業務委託契約を結んでいるオーナーを会員としたメンバーシップをつくり、自分が投資している物件により愛着をもってもらえるようなサービスを試みています。分譲したマンションの一部に会員が利用できる「オーナーズルーム」を用意して、仕事や観光などで京都を訪れる際に無料で宿泊できるようにしているのもその一つです。京都へ気軽に足を運んでもらえるように、また、自分たちが所有するのと同じシリーズの物件で居住感覚を味わい確かめることができるようにと考えての施策です。もちろん業者として顧客満足を追求するという側面もありますが、実態を明らかにして距離感を縮め、オーナーの実感を高めることが、不要のトラブルを避けてトータルでリスクを回避できる近道だという考えで行っています。

投資というとどうしてもドライなものになりがちですが、投資を通じて人と人とのつながりを創り、温かみのあるものに変えて、投資家の人生をより豊かなものにする手伝いをすることができるというのは、働きがいのある仕事です。そしてこれは、ＥＳＧ投資が広がっていく筋道として、一つの重要なカギになる考え方だと思います。

４　ＥＳＧに対する金融機関の姿勢

金融分野でもＥＳＧが常識に

不動産投資では銀行融資（ローン）が前提であり、金融機関が積極的な融資姿勢を見せる物件かどうかは大きなポイントとなります。

環境省では２０１８年度から、環境・社会にインパクトがあり、地域の持続可能性の向上や地域循環共生圏の創出に資するＥＳＧ金融の促進を図るため「ＥＳＧ地域金融促進事業」をスタートさせました。

地域金融機関に対して、金融機関と地域のステークホルダーとの連携によるグリーンプロジェクトなどの市場調査、将来性・収益性の掘り起こしの実施支援など、ＥＳＧ要素を考慮した金融機関の取り組みに関する支援を行っています。

個別の金融機関でも取り組みが進んでいます。例えば滋賀銀行はＥＳＧファイナンスとして次ページの図表のようなメニューを用意しているそうです。これらは現状では企業向けの融資ですが、個人投資家の不動産投資でも一定の配慮を行うことになると予想されます。個人投資家のスタンスとして、今後は金融機関に対する融資を申し込む際に、ＳＤＧｓやＥＳＧの視点を盛り込んだ説明を行うことが必要になってきます。

そもそも不動産投資は株式や債券、投資信託、ＦＸなどとは異なり、賃貸マンションやアパートを入居者に提供する「貸家業」というビジネスで、オーナーは経営者です。

どのようなビジネスでも、経営者にはビジョン、方針、基本戦略が求められますし、金融機関も融資に当たって重視するようになっていきます。

これからの時代、不動産投資で投資家・経営者としてのスタンスを明確に示すことは、すぐになんらかのメリットに結びつくわけではないでしょうが、非常に重要になってくるのは確かなのです。

滋賀銀行のESGファイナンスの取り組み

サステナビリティ・リンク・ローン	借手による野心的なサステナビリティ・パフォーマンス目標の達成状況と金利等の融資条件を連動させた融資。ローンマーケットアソシエーション（LMA）等が策定したサステナビリティ・リンク・ローン原則に適合したもの。
ポジティブ・インパクト・ファイナンス	企業活動が環境・社会・経済に及ぼすインパクト（ポジティブな影響およびネガティブな影響）を包括的に分析・評価し、特定されたポジティブインパクトの拡大と、ネガティブインパクトの低減に向けた取り組みをサポートする融資。
『しがぎん』サステナブル評価融資	融資に際して、企業と社会の持続可能な成長につながる目標を設定して、達成に向けて同行がモニタリングを通じた伴走支援を行うことで、企業価値向上を後押しする同行オリジナルの融資。
グリーンボンド・グリーンローン	企業や自治体が、国内外のグリーンプロジェクト（環境改善効果のある事業）に要する資金を調達するために発行する債券、または借入。

出典：滋賀銀行「ESGファイナンスの取り組み」

投資用不動産へのローンで優遇金利も

投資用不動産ローンでＥＳＧの視点を取り入れた取り組みを先行させているのがオリックス銀行です。

オリックス銀行では２０２１年7月に「サステナビリティ方針」を制定し、「事業を通じて社会課題の解決を図り、持続可能な社会の実現に貢献することで、新たな価値を創出する企業として持続的な成長を目指す」ことを打ち出しました。

そして、地球資源の枯渇や気候変動、格差や社会不安など多岐にわたる環境・社会課題に対応するため、同社が強みをもつ事業領域で、さまざまな社会課題とリスクの機会を分析・検討し、優先して取り組むべき４つのテーマと９つの重要課題（マテリアリティ）を特定しています。

その一つが「住み続けられるまちづくり」です。具体的な取り組みとしては２０２１年12月に初めてZEH-M Oriented仕様の投資用マンションの開発事業に対して優遇金利で融資を実施しました。

同社の公表資料によるとこの物件は、東京都練馬区に建築される全36戸（4階建て）の分譲マンションで、2023年2月に完成予定です。断熱性能を高め、さらに高効率設備・システムを導入することで基準となる一次エネルギー消費量を20％以上削減しており、「ZEH-M Oriented」仕様として認証される予定です。この物件を購入する個人投資家向けのローンについても、0・05％の優遇金利が設定される予定です（貸出金利は融資先ごとに相対で決定）。

さらに同社では2022年9月、Nearly ZEH-M仕様の投資用アパートについて購入する個人投資家向けに購入資金を融資することを公表しました。融資対象となる物件は名古屋市昭和区に建設され（3階建て、総戸数9戸）、物件の屋根に設置した太陽光パネルで電気を創出するとともに、高性能の断熱材や高効率型の給湯器などを導入することで省エネ性能を高め、一次エネルギー消費量を75％以上削減します。この物件では貸付金利を年0・05％優遇するとしています。

オリックス銀行では金利優遇の対象となる環境配慮型物件の基準を以下のように設定しています。

オリックス銀行が掲げる重要課題（マテリアリティ）

	重要課題（マテリアリティ）	
Ⅰ	持続可能な経済・社会の創造	高齢化社会対策
		地域活性化
		スマートでレジリエントな社会の実現
Ⅱ	安心・安全な住まいと暮らし	住み続けられるまちづくり
		都市問題の解消
Ⅲ	自然共生社会の実現	気候変動対策
		環型社会の形成
Ⅳ	誰もがのびのびと働ける職場づくり	ダイバーシティとインクルージョン
		人材育成と自己現実

出典：オリックス銀行「サステナビリティ方針」

①マンション
【住棟単位】ZEH-M、Nearly ZEH-M、ZEH-M Ready、ZEH-M Oriented
【住戸単位】ZEH、Nearly ZEH、ZEH Ready、ZEH Oriented

②アパート
ZEH-M、Nearly ZEH-M、ZEH-M Ready、ZEH-M Oriented
BELS★×5

5 ESG不動産投資の具体的な物件イメージ

「日本」の美をコンセプトとして

ここで、私たちがどのような取り組みを行っているのかという事例をいくつか紹介します。

今から16年前、京都市の自然風景と街並み景観を守るために「新景観政策」が施行されました。デベロッパーの立場からすると、京都市はもともと土地の入手が困難なうえ、さらに建物の高さや色使い、素材使いなど建築の規則がより厳しくなったのです。

私たちが考えたのは、景観条例を制約としてとらえるのではなく、景観条例をきっかけに京の「都」「雅び」とは何かを探求し、新たな投資用不動産の開発に取り組むことでした。

ここ10年の間にＥＳＧ投資の安全、公正という理念が世界的な広がりを見せ、不動産投資分野でもファンドやＪ－ＲＥＩＴなど大規模物件を扱う機関がＥＳＧの課題への取り組みを進めています。私たちもこれまで以上にこうしたグローバルな倫理観を商品企画に反映させたいと考えました。

そうして、日本の美、京の雅をテーマに据えた新しいデザインを反映した物件開発を行いました。安全性・快適性の追求はもちろんですが、あくまでも京都の個性を大切に考え、伝統の美を現代に表現するアーティストとの共同制作を試み、京町屋のデザインを取り入れるなどさまざまな工夫を凝らしました。

開発方針の再検討や新たな模索が重要なのは、必ずしも京都に限ったことではありません。高度経済成長以来、日本中どこでも同じような外観の建築を並べて効率性優先の都市開発が行われてきたという側面が少なからずあります。そうしたなか、その土地の歴史や文化、その街に生きてきた人たちが大切にしてきた風景を受け継いで、その土地ならではの開発を行うことが求められるのは当然の流れであり、ＳＤＧｓが叫ばれるこれからの時代にいっそう大切になってくるはずです。そして、ほかに先んじてそのモデルを示していくことで投資の価値を高めるという発想こそが強みをつくるのです。私たちの開発したシリーズが、そうした次世代の都市開発におけるモデルケースとなればと願っています。

ケース1

歴史を感じさせる壁画　絵師とのコラボレーション

物件概要

名称：ベラジオ 雅び　烏丸十条

所在地：京都市南区

間取り：1K・1DK・1LDK

住居専有面積：24.19㎡～38.38㎡

竣工：2021年9月

構造・規模：鉄筋コンクリート造、地上9階建て

総戸数：113戸

烏丸十条に2021年に竣工したこの物件は、御影石の重厚感、ボーダータイルとガラス手摺という独特の外観デザインに加え、日本ならではの落ちつきある数寄屋造風の迎門が特徴的です。

また、この物件では自然の動植物をのびやかな壁画として描き続ける絵師・木村英輝氏とのコラボレーションが企画の軸となっています。

風除室には、平安時代よりこの地を守護するとされてきた「四神」をモチーフとした壁画を展示しています。この作品は天の四方の方角を司る霊獣である玄武を亀、朱雀を孔雀、白虎を虎、青龍を鯉で表現したものです。

また、ゆったりと長いアプローチを抜けると吹抜のエントランスがあり、玄関のドア越しに南を守る「朱雀」をテーマにした壁画「Red Peacock」が出迎えてくれます。

京都在住の絵師による躍動感溢れる作品が、住まう人、訪れる人にエネルギーを与えてくれます。

インタビュー

絵師 木村英輝氏

人と場との出会い、語らいと縁から始まる壁画アート

幼年時の自然の原風景と、モチーフをスケッチする無心のとき

絵を描き始めたのは、4~5歳の頃です。道端で蝋石を使って、相撲取りとか大きな樹とか、等身大かそれより大きな絵を描いていました。

そんなに大きな絵を描く子は珍しかったのでしょう、近所の人が集まってきて褒めてくれていた、そんな幼年の記憶が原点ですね。

だから、60歳で再び描き始めても、大きな壁に描くことは自然な流れでした。また、トンボやカエルといった小さな生物を捕って遊んだ記憶から、日本の自然の原風景への愛着もあります。

例えば京都市東山区の門跡寺院、青蓮院で描いたときは立派なモチーフよりもあえて小さく素朴な生き物を題材に選んだりしました。そんなときに日本の自然への郷愁は自分の

絵師 木村英輝氏

プロフィール

1942年大阪府泉大津市生まれ。京都市立美術大学図案科卒業後、同大講師を務める。

日本のロック黎明期に、オルガナイザーとして数々の伝説的イベントをプロデュース。

60歳を機に絵師に。手がけた壁画は国内外で200カ所を超える。ロックとともに歩んできた半生は躍動感溢れる画面にも表れる。アトリエでカンバスに向かうのではなく、「ライブ」な街に絵を描きたい。究極のアマチュアリズムを標榜する異色の絵師。作品集に「無我夢中」(淡交社、2009)、「LIVE」(青幻舎、2011)など。

なかに変わらず生きているのだなと感じます。

僕は依頼を受けてモチーフが決まったら、必ずスケッチに行きます。スケッチしているときは本当に無心で、これが大事です。僕は実際にないものは描けない。

これまで依頼の多かったものに「龍」があります。龍は実在しませんから、中国の古事「登龍門」、また「鯉の滝登り」という言葉から、鯉へと転じて描き、それが今では代表的なモチーフになっています。

自由な精神と画想で、「デコラティヴ・アート」への道

今のように描き始めて、新しいもの、ロックなものを求めて、アンディ・ウォーホルやリキテンスタインといったポップ・アートの先駆者に負けないものをと追っていると、なかなか思うように描けなかった。

そんなとき、描きたいものを描くのではなく、描ける絵を描こう、と思ったのです。すると、素直に自由に描けるようになった。それが大きな転換点だったと思います。

京都市立美術大学の図案科にいた1960年代、京都は日本のロックの草創期にあって、いろいろな音楽活動をしながら、ストレート、シンプル、フリーといった、ロックの精神性に出会っていたことも大きな基盤になっていますね。

純粋に内側から出てきたものをストレートに出すことができる「アート」のほうに魅力を感じたわけです。その後、日本画の尾形光琳らの琳派やクリムトなどにも影響を受けました。

大胆な構図や、金色を印象的に使っていくスタイルなど、ジャンルを聞かれると、僕は屋内の大きな壁に描くことが多いので「装飾絵画」「デコラティヴ・アート」と呼んでいます。

日本古来の縁起の力を借りて、人がつながり「気」が良くなるのです。

僕は外へ描きに出るため、在庫というものがありません。仕事は、依頼者とその場所との対話から始まります。モチーフの希望をうかがい、実際の場所を見ながら構図を考えていきます。

例えば「ザ・リバー・オリエンタル」は「象」、青蓮院は「蓮」というように決まっていく。次には、その場の方角や窓の位置を把握する。

そこから、古くは中国から日本に今でも受け継がれる古来の縁起、東洋の知の力を借ります。「孔雀」なら陽の当たる道のほうを向かせるとか「鯉」などを光が射すほうへ登らせるなどです。4つの方向に宿る「四神」という霊獣を描くという依頼については、どれも想像の生き物ですから描けない、そこで、「青龍＝鯉」、「朱雀＝孔雀」、「白虎＝虎」、「玄武＝亀」とそれぞれつながる動物に転じて描きました。

吉方や鬼門などの方角は場所によりますが、数は一つの縁起があり、基本は「9」が良く、また「3」の倍数でモチーフの数を決めています。

「9」「18」「36」というように、この場の「気」が良くなり、多くの人が集い、つながり、幸せでありますようにと願いを込めて。ゆったり良い「気」が巡るよう祈りを込めて制作していきたいと思います。

ケース2

現代的なエリアであえて和風を主張　朱の空間に唐紙アートを展示

物件概要

名称：ベラジオ 雅び　京都西院

所在地：京都市右京区

間取り：1K+WIC・1K+SIC+WIC・1DK・1LDK+SIC+WIC

住居専有面積：25.77㎡〜44.56㎡

竣工：2021年8月

構造・規模：鉄筋コンクリート造、地上7階建て

総戸数：72戸

この物件は純和風な建物の少ない西院エリアで、「進化系和モダン」の外観デザインを目指しました。住む人はもちろん、行き交う人たちがこの土地の雅を体感し、新しい風景を共有できるようにと、あえて和の主張にこだわりました。

内部は鳥居を思わせる朱色を多用し、入り口には丸窓モチーフのデザインを、エントランスへと続く道には格子をあしらったうえで、エントランスには雲母唐長の唐紙師、トトアキヒコ氏による唐紙アートを常設しています。唐紙は平安文化を代表する美術の一つで、私たちのコンセプトにマッチした優雅さと華やかさを兼ね備えた空間を創出してくれています。

奥には大きな壷《つぼ》が際立つ坪庭もあり、全体で「和モダン」な空間となっています。

インタビュー

〈雲母唐長〉唐紙師　トトアキヒコ氏

日本の四季の美と、安らぎの祈りを、唐紙に込めて

「唐紙」に込められてきた、日本古来の自然観と祈りを継ぐ

「唐紙」はそもそも、平安時代に伝わった料紙を起源とし、のちに室内装飾として発展しました。

〈雲母唐長〉は、寛永元年（1624年）に創業し、江戸から今日まで約400年、ただ1軒だけ続いている唐紙屋を継承しています。先祖代々継承する板木も多く残っており、美しい文様が彫られた板木には自然と四季を愛でる日本古来の世界観が込められています。平安の昔から変わらない、自然には八百万のカミが宿るという美の愛で方です。ですから、板木に見られる文様は単にデザインというものではなく、自然をかたどった紋の一つひとつに魂や祈り、物語やメッセージが宿っています。

そうした、見えない力を帯びた板木の力を和紙に写し取る。それが、〈雲母唐長〉の唐紙なのです。

ところが近年は生活の近代化とともに、住まいに和室が少なくなり、今では和室が一つもないという住居も少なくありません。すると、和室や襖とともに、唐紙も衰退してしまう。400年の歴史も伝統文化もついえてしまう、と考えたときに、唐紙を「アート」として提案できないかと思い立ちました。

〈雲母唐長〉の「編集」思考とともに、「唐紙ルネッサンス」へ

伝統文化というものは、唐紙と襖紙のように、同じ形で継承困難となったとき、新たな発想で受け継がれていくものではないでしょうか。

とはいえ容易なことではなく、私も唐紙を襖紙からアートへと仕立てるうえで、熟慮が必要でした。変化は変質ではなく、進化すべきだと考えます。

変わらないために変わり続けることが大事です。従来の襖のように板木を用いて摺る世界では、文様が単なるデザイン・パターンとして見られてしまう。

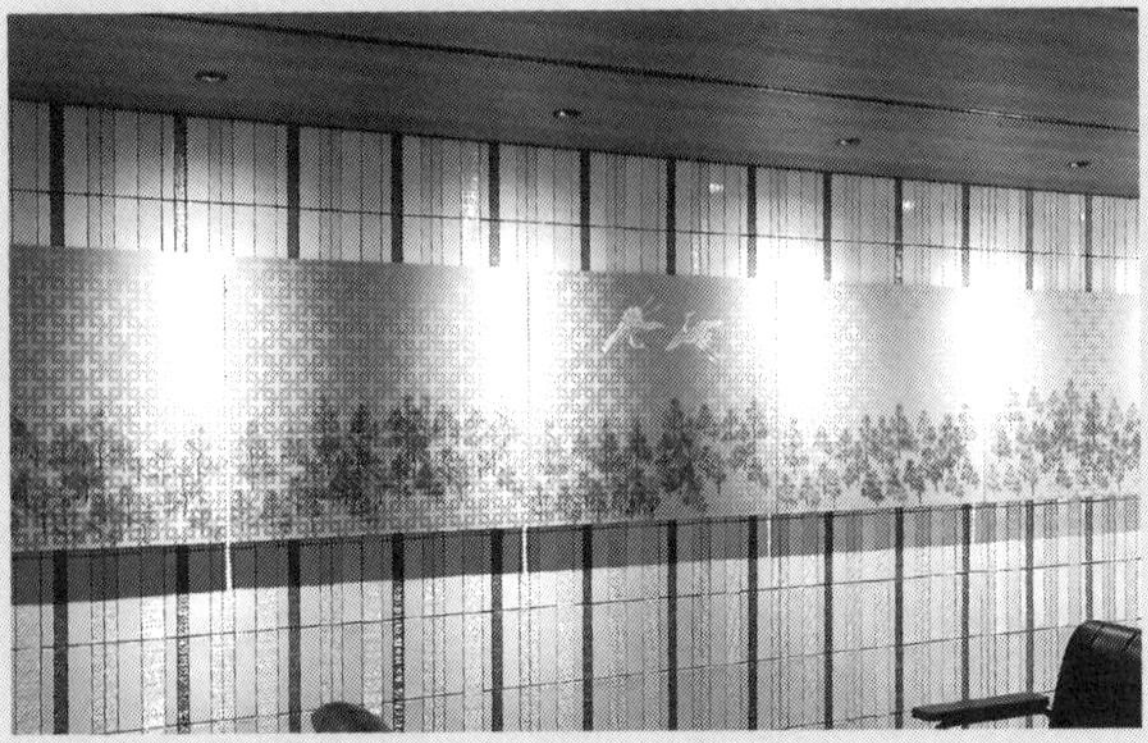

〈雲母唐長〉唐紙師トトアキヒコ氏

プロフィール

従来の唐長の唐紙を継承した襖や建具、壁紙、唐紙を用いたパネルやランプなど、現代の暮らしに合うさまざまな唐紙を制作。唐紙をアートにした第一人者であり、唐紙の芸術性を追求し、自らの指で染めていく独自の技法「しふく（Shifuku）刷り」や「風祈」から生まれる深淵な青い唐紙作品は、八百万の神様や精霊とともに手がけた詩情が宿るスピリチュアルな〈トトブルー〉と愛され、公共、商業施設、個人邸に納められる。

2018年、百年後の京都に宝（心）を遺す「平成——令和の百文様プロジェクト」を提唱・主宰。名刹養源院に奉納された作品「星に願いを」は、俵屋宗達の重要文化財「唐獅子図」と並んでいるほか、2020年には、世界平和への祈りを宿した22メートルに及ぶ史上最大の唐紙アート作品「Universal Symphony」を手がける。著書に「日本の文様ものがたり」（講談社）ほか。

もちろん、襖としての美しさは特筆すべきですが、より唐紙の精神性を伝えるために、文様を組み合わせることにより絵画性と、そこに「詩・ポエジー」を生み出したいと考えました。これまでの絵画でも文様でもない、抽象的なパターンでもない、そういう新しい美の創造をする。これは編集という考え方だととらえています。そうして創った新たな美（アート）を、人の生活空間のなかにしつらえることによって、今に生きるインテリアとなって受け継がれるのではないかと思います。

和室の襖だけではなく、洋室や商業施設などあらゆる空間を彩るアートとして現代社会と唐紙を向き合わせつつ、今までにはない新しいジャンルの美術を創ったことは、結果的に未来に唐紙文化を伝えることにつながりました。

伝統の技法を受け継ぎつつ、新しい「詩・ポエジー」を紡ぐ創作を

文様の「組み合わせ」で、新たな「物語」「詩・ポエジー」を創り出すのは、とても愉しいことです。いろいろなケースがあり、例えば〈雲母唐長〉で客人を迎える部屋「閑室」の壁面一面にしつらえた「季風の道」です。

一見、萩やススキ、月の配置が見えていて「秋」景色のように見えます。しかし、雲母（きら）の陰影で、角度によって違った景色が見えるように、ワラビ・桜（春）、楓（夏）、雪（冬）をちりばめて四季を描いています。こういったことで、今、目の前に見えている「秋」も、春夏冬の季節があるおかげなのだと気づかされるというわけです。

また、トトブルーと呼ばれる作品の一つでは、何千回何万回も点描を重ね染めてゆく独自の技法「しふく刷り」を取り入れています。深淵なる青色に水を湛え、無数の渦紋を重ね描きスパークさせ、やがて龍になるカミさまの使いである龍亀が描かれているこの作品は、水のカミさまとともに在ることを願って「ミズハ」と名づけました。このように、文様に意味や祈りを組み合わせた図案にポエジーをもたらして創作していく。

これからも、エントランスや住まいを彩る唐紙を、良い「気」と安らぎがゆったり巡るよう祈りを込めて制作していきたく思います。

ケース3 木目と和紙の温かみで日本ならではの柔らかい美を演出

物件概要

名称：ベラジオ 雅び　京都清水五条

所在地：京都市東山区

間取り：1K・1LDK

住居専有面積：24.56㎡〜40.00㎡

竣工：2022年2月

構造・規模：鉄筋コンクリート造、地上5階建て

総戸数：37戸

この物件は、外観は木目調の「格子」を基調とし、アプローチには飛び石に竹垣、そして緑の植栽を配置しています。横一文字が美しく、深く設計された「軒庇」も京の街並みに溶け込むデザインで、ほかの物件にもまして真正面から「和」を打ち出した外観です。
アプローチから一歩入ると、訪れる人、住まう人を手漉き和紙の温かな光が出迎えます。和紙作家・堀木エリ子氏による手漉き和紙作品です。エントランスには伸びやかに坪庭を配し、和紙から放たれる優しい明かりが聚楽壁を照らし、心地良い空間を演出しています。

インタビュー

時を経てなお美しい、人の手が継いできた本物の気品を

和紙作家　堀木エリ子氏

手漉き和紙との運命的な出会いから、継承の使命に駆られて

20代の頃にご縁があって、事務職の誘いを受けて転職したのが始まりでした。その企業

が、たまたま手漉き和紙の開発会社だったのです。そこで、越前和紙が人の手で作られている姿に心を打たれました。工房は福井県越前市にあります。極寒のなか、痛いほど冷たい水を使って黙々と作業をする職人さんの姿がありました。「寒漉き」、つまり紙漉きは寒い時期が良いといわれ、過酷な環境のなかで長年受け継がれてきたのでした。

ところが2年後、その手漉き和紙の会社は閉鎖されることになります。機械漉きの量産品との価格競争が原因でした。そのとき、衝撃とともに、腹の底から湧き上がるパッションを感じました。こうして継承されてきた尊い手漉き和紙の伝統が絶えていいものかと。そして原点に立ち返って考えました、手漉き和紙と機械和紙の違いは何か。それは大きく2点ありました。一つは使うほどに質感と味わいが増すこと。もう一つは、経年劣化しにくく強度が落ちないという点です。この優れた特性を活かすことができる場はどこか。それは、便箋など1回だけ使用するものでなく、長年使われる建築空間だと考え、なんとか継承の道を探ろうと思い立ったのです。

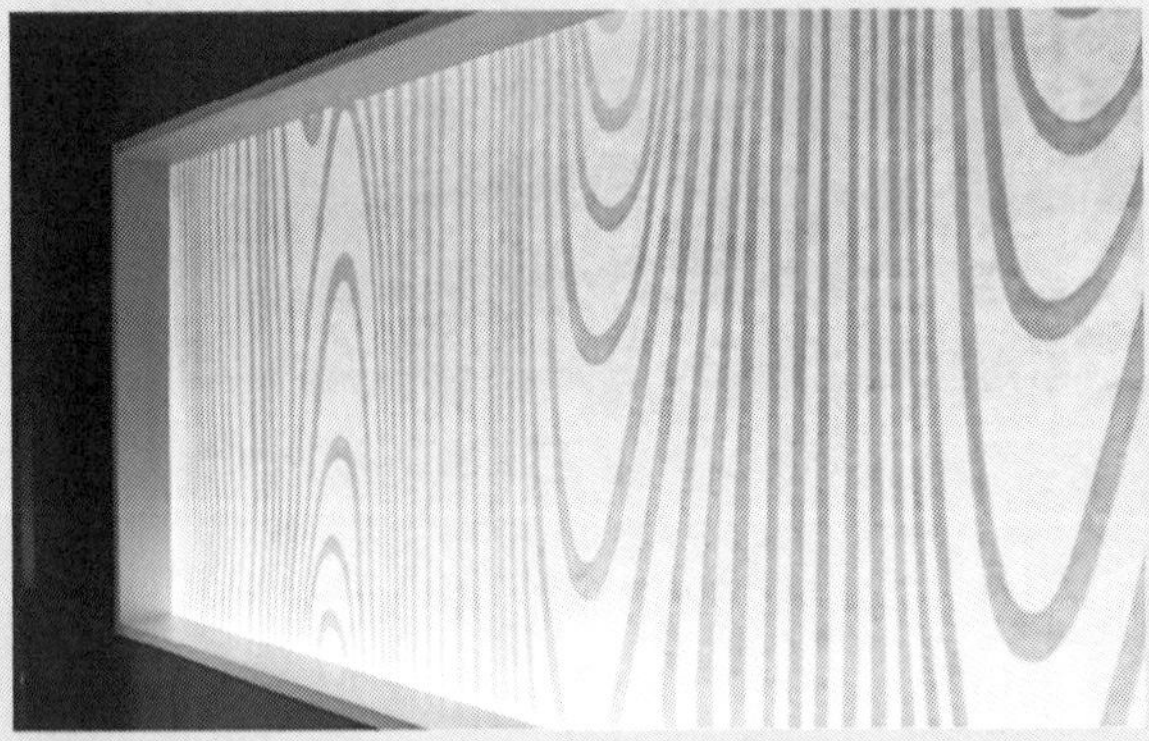

株式会社 **堀木エリ子&アソシエイツ**
和紙作家 **堀木エリ子氏**

プロフィール

「建築空間に生きる和紙造形の創造」をテーマに、2700×2100㎜を基本サイズとしたオリジナル和紙を制作。和紙インテリアアートの企画・制作から施工までを手掛ける。近年の作品は「東京ミッドタウン日比谷」「在日フランス大使館大使公邸」「成田国際空港第1ターミナル到着ロビー」のアートワーク、ニューヨークのカーネギーホールでの「YO-YO MAチェロコンサート」の舞台美術など。著書多数。

光によって「うつろう和紙」を制作、そして伝わるまでの道のり

そうして一念発起し、文化や伝統に理解のある呉服問屋の支援も受けながら、ブランドを立ち上げて取り組みが始まりました。それまでは建築空間でも襖判が最大でしたが、畳3畳分の大きさのインテリア向けの和紙を制作するなど、試行錯誤を続け、光によって「うつろう和紙」を提案することとしました。

和室の障子も、一日の太陽の光を受けて、室内で影の濃さや形を変える。その特性を活用し太陽光線が入らない空間でも調光器やタイマーと連動して情緒や情感が生ずる空間を彩ることができないか。この考えを具現化したのです。

それによりこれまでにないダイナミックな和紙による光の環境素材として、全国、世界へと作品を送り出すことができるようになりました。

越前と京都、二つの工房から、伝統と創意工夫の和紙作品を

越前の工房では2700×2100㎜の大判の和紙を漉くことができ、それが私どもの作品の基本寸法になっています。紙漉きの日は、私を含め制作担当社員と現地の職人さん

たちが、約10人がかりで力を合わせて作品を漉き上げていきます。

そのときに色を流し入れたり、繊維質の素材を入れたり、目的とするデザインに沿ってさまざまな創意を凝らします。人の手で行うことですから、タイミングのずれやひずみが起こります。

しかし、そうした不均質なところにも表情が生まれ、人間の力だけでは生み出すことができない、偶然性による感動的な質感を得ることができます。京都の工房では10メートル以上の和紙を革新的な手法で制作しています。また、丸みのある立体の造形も骨組みや糊を使わず立体的に形成して漉き上げており、一つひとつに独自性があります。けれども、それぞれ顧客の要望を聞いて、難題であっても新たな考えや手法によって実現していくということが重要で、革新が伝統につながっていきます。忙しく日々を過ごす人々に、手漉き和紙による居心地の良い空気感や、時を経てなお美しい、気品のある質感を届けられれば幸せです。

第5章

投資家の利益を担保し社会貢献を実現する
ESG不動産投資が「当たり前」の時代に――

1　ＥＳＧ不動産投資のメリットとリスク

短期的にはマイナス面も

10年後、20年後を考えた場合、不動産投資でＥＳＧやＳＤＧｓの視点はますます重要になっていきます。

具体的には、環境に配慮することで気候変動対策に貢献できます。省エネ性などの向上で居住環境が良くなることを入居者にアピールできます。景観などに配慮したり、伝統文化のエッセンスを取り入れたりすることで地域社会に寄与します。投資家に対しては、第三者認証などを通じて適切な判断材料を提供します。その結果、安定した収益が確保できる可能性が高まります。

ただし短期的にはデメリットもあり、ＥＳＧに基づいた建物設計などはノウハウが必要でありコストアップの要因になります。当面は、賃借人や仲介会社の理解が進まず、収益率は高くなりにくい可能性があります。

しかし、ＥＳＧやＳＤＧｓに敏感な若い世代の間で支持が広がり、不動産鑑定評価にＥＳＧ要素が反映されたり、金利上昇局面で金融機関から有利な条件で融資が受けられたりすることで、将来的には賃料の上昇など市場における評価は徐々に高まっていくと考えられます。

当面は期待できませんが、いずれ税制面でも減税などの可能性もあります。

2 コストとリスクの分担について

コスト分担の問題

ＥＳＧ不動産投資がいまだ認知されていない現状においては、さまざまな施策を企画するデベロッパーはそのコストを価格や設定家賃に十分転嫁できずに、費用のほとんどを負担しています。このことがＥＳＧ対応物件を開発するうえで最も大きな障害になっています。

ESG不動産投資で当面、この最も大きな障壁であるコストの増加については、投資家・デベロッパー・入居者・建設業者・金融機関などの間で共通認識が生まれることが期待され、さらにそのうえで、ESG不動産投資の理念とスキームにおける関係者それぞれの役割を考慮しながら、コスト増加分を適切に分担することがカギを握ります。つまり、利害関係者間での対話を通じて、適切な価格・賃料・建築費・金利など、それぞれの利害関係者がコストを分担することが理想です。

くどいようですが、コストの問題はともすれば乗り越えることが難しい問題です。しかし、だからこそ今すぐにでもこうした議論を活発化させる必要があり、議論すること自体が、ESG不動産投資市場のみならず不動産投資市場全体の成熟、健全化につながると思います。

「グリーンリース」の考え方

その点で参考になるのが、オフィスビルについての「グリーンリース」の考え方です。

グリーンリースとは国土交通省の定義によると、「ビルオーナーとテナントが協働し、不動産の省エネなどの環境負荷の低減や執務環境の改善について契約や覚書などによって自主的に取り決め、その取り決め内容を実践すること」をいいます。この取り組みにより、ビルオーナー、テナント双方が光熱費削減などの恩恵を受け、Ｗｉｎ－Ｗｉｎの関係が実現できるとされます。

国土交通省では、そのメリットを次のように整理しています。

まずオーナーにとってのメリットとしては、テナント保持の優位性や入居期間の長期化が注目されます。ほかにも、将来想定されるさまざまなリスク（環境規制の強化・投資対象からの除外）などの回避に役立つことも考えられます。

オフィスビルに対する投資運用会社や投資家の一般的な投資方針では、旧耐震ビルが投資対象から除外される傾向にあります。環境性能が劣る、環境に配慮した管理がなされていないビルは、旧耐震ビル同様に、いずれ投資対象外となる時代がくる可能性があります。

同様に、環境意識が高いテナントが移転先を選ぶ際には、入居先の候補として環境性能に優れた不動産を選ぶ可能性が高くなります。

これは賃貸マンションでも同じはずです。

「グリーンリース料」の特約例

グリーンリースの考え方には大きく分けて、運用改善のグリーンリースと改修を伴うグリーンリースがあります。

①運用改善のグリーンリース

ビルオーナーとテナントの間で、環境性能向上に向けた情報共有などの協力を明文化するものです。省エネ・環境配慮・原状回復についての取り決めなどを含みます。

ビルは、適切に管理・運営されなければ、設計されたとおりの性能を発揮しません。環境性能が高い設備を導入したとしても、その発揮すべき性能を引き出して十分な効果を得るためには、テナントによる適切な利用が必要です。運用改善のグリーンリースはテナントによる適切な利用を促すとともに、ビルオーナーとテナントとの間に対話が生まれ、双方の

グリーンリースに取り組むメリット

	ビルオーナー	テナント
経済的メリット	建物全体の運営コスト削減 ・維持管理コストの削減 ・環境性能が高い設備機器の導入機会の拡大	光熱費など削減
経済的メリット	環境不動産としての価値付与 ・テナント保持の優位性 ・稼働率安定などに基づくＮＯＩ※１改善 ・ＥＳＧ投資を志向する投資家への訴求力向上	従業員の生産性の向上 現状回復費の削減 ・環境性能が高い設備の撤去免除など
社会的メリット	CSR※２向上 ・環境不動産の普及促進 ・CO２排出量削減 ・企業イメージアップ	CSR※２向上 ・環境不動産の普及促進 ・CO２排出量削減 ・企業イメージアップ
その他（利用者の満足度）	テナントの満足度向上 ・入居期間の長期化 ビルオーナー・テナントとの関係性の構築・深化	執務環境の改善・従業員の健康や快適性向上 ・室内空気質の改善 ・温熱快適性の向上 ・室内正殿最適化 ビルオーナー・テナントとの関係性の構築・深化

※1 NOI：Net Operation Income 純収益
※2 CSR：企業の社会的責任（Corporate Social Responsibility）
出典：国土交通省「グリーンリース・ガイド」

関係性の構築・深化に役立ちます。

運用改善のグリーンリースにより、ビルオーナーとテナントの間の情報共有や関係構築を進めることで、改修を伴うグリーンリースの実施によって実現される光熱費削減見込み額の算定や、改修後の効果測定などを協力的に進めることができると考えられます。

②改修を伴うグリーンリース

ビルオーナーが実施する省エネ改修投資のメリットがテナントに帰属する場合に、テナントがビル

テナントの費用削減効果(イメージ)

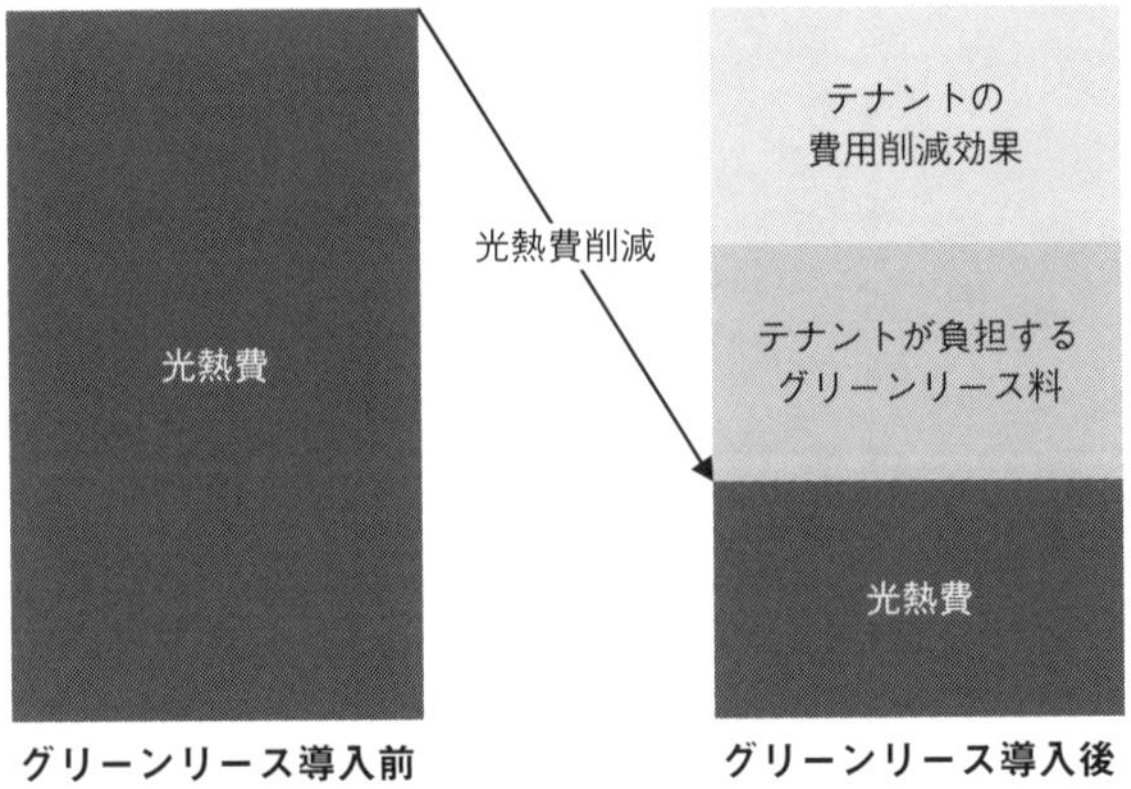

出典：国土交通省「グリーンリース・ガイド」

オーナーへ金銭的なメリットを還元する取り組みをいいます。

このグリーンリースでは、ビルオーナーの費用負担によりテナントが享受した光熱費削減分のうち、一定程度をグリーンリース料として還元することで、経済的に利益の再配分を図ります。テナントとしては、グリーンリース料をビルオーナーに払ったとしても、それ以上に光熱費削減効果を得られるため、ビルオーナーとテナントそれぞれが経済的利益を受け、Ｗｉｎ-Ｗｉｎの関係を構築することができます。

「改修を伴うグリーンリース」にかかる費用（グリーンリース料）は、一般的な賃貸借契約

「グリーンリース料」の特約の例

(特約事項・グリーンリース料)

第○条　乙は、第○条の賃料・共益費以外の諸費用として、グリーンリースに係る費用(以下、「グリーンリース料」)を負担する。ここでグリーンリース料とは、「甲が省エネ改修投資を行い、乙にその便益が帰属する対価として、乙が甲に支払う費用」をいう。
対象期間、グリーンリース料は下記のとおり定める。

記

対象期間	令和○年○月○日から令和△年△月△日(契約期間満了日) ただし、第○条に基づき賃貸借契約期間が更新された場合には、令和×年×月×日(最終期限)を超えない限りにおいて、更新後の契約期間満了日まで延長される。	
グリーンリース料(右記選択)	定額制	1ヶ月当たり○円とする
	削減連動制	省エネ改修により削減された電気料金の○%相当額
	従量制	電気使用量1kWh当たり○円とする

※ 甲：賃貸人 乙：賃借人

出典：国土交通省「グリーンリース・ガイド」

での賃料・共益費または賃料・共益費以外の諸費用が関連条項であると考えられます。

グリーンリース料は基本的に専有部の電気料金をベースとしているため、賃料・共益費以外の諸費用として位置づけられることが妥当と考えられます。

ただし、通常の賃貸借契約と異なる内容については、特約として規定することが商慣行上通例となっているため、特約として規定することが適当と考えられます。

すでにオフィスビルにおいてはこうしたグリーンリースの考え方やグリーンリース料の契約が実施されている例が増えているそうです。

私たちも今後、エネルギー収支がゼロと

なるなど、非常に環境性能に優れた投資用マンションを可能にする一つのスキームとして、入居者のニーズの顕在化を見ながらグリーンリースの実現を模索していきたいと考えています。

3「ＥＳＧ不動産投資」と「インパクト投資」

自己実現としての投資

最近、ＥＳＧ投資に関連して、企業活動の社会的影響まで視野に入れたインパクト投資に注目する動きが欧州を中心に見られます。インパクト投資とは、経済的リターンと並行して、社会や環境へのインパクトを生み出すことを目的としたものを指します。

ＥＳＧ投資も企業活動が環境や社会に与える影響が重視されますが、それは主に環境や社会から企業活動にはね返ってくるリスクに注目するというものです。あえていえば受け身のスタンスであり、中長期的に安定した事業環境を獲得するためのいわばリスク戦略です。これに対してインパクト投資は、企業活動がより積極的に環境や社会に働きかけ、課題解決を目指す点に特色があります。

例えば、事業の二酸化炭素排出量に配慮している企業は、いつか大幅な排出量規制が掛けられることになったときにその影響をあまり受けずに済みます。二酸化炭素排出に無頓着な企業がそのときになって危機的状況を迎えるかもしれないのに比べて安全な投資先だと見ることができます。これがＥＳＧ投資の考え方です。それに対してインパクト投資は、再生可能エネルギーの実用化に向けた事業に投資するというものになります。

このようなエネルギー関連の事業のほか、高齢化問題に関わるヘルスケアの分野や、飢餓問題に関わる食料・農業分野、そして教育関係でインパクト投資への関心が高まっています。こういった事業のなかには、社会的に必要とされているにもかかわらず、ビジネスにつながりにくいために寄付や助成金などに頼らざるを得ないものも多いため、そこへ投資家の関心を引っ張ってビジネスの土台に上げようという動きになっているのです。そして、ＳＤＧｓなど国際的な社会的問題解決の流れが広がるにつれ、もともとは慈善団体などが中心になって行っていた投資先に機関投資家などが目を向けるようになっています。

A.マズローの「欲求5段階説」

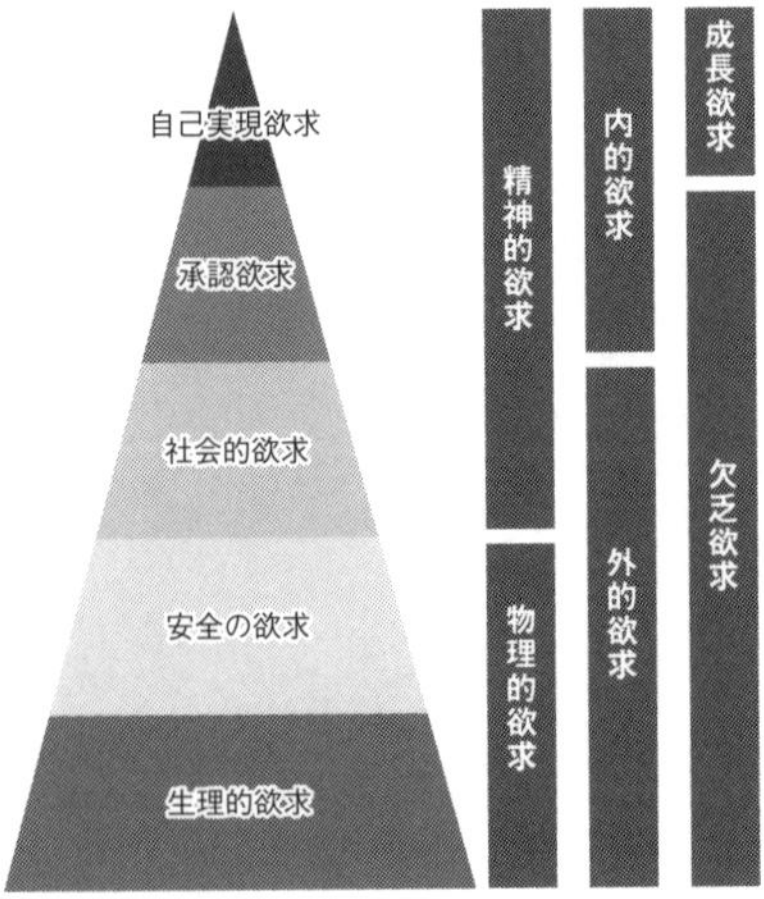

私はこうしたインパクト投資の流行の一因として、投資家の自己実現欲求も関係していると考えています。これはアメリカの心理学者であるマズローの「欲求5段階説」による用語で、自己実現欲求は段階的な心理の過程の最上位に位置づけられています。

簡単にいうと、お金を儲けて楽な暮らしをし、競争に勝って周囲からも認められた先に、自分にしかできないことを成し遂げたい、自分らしく生きていきたいという自分軸の欲求があるという話で、投資家のなかにはこのような動機で投資を考える人も少なくないという状況があると思うのです。

私は仕事のうえで多くの投資家と接して

きて、もちろん利益が最優先だという人も多いのですが、このような自己実現の思いを抱く人も多く見てきました。京都に物件をもつということに単純な利益よりもロマンを感じている人が集まりやすいという面はあるだろうと思いますが、自分が投資をすることで何かを変えたい、あるいは世界を良くしたいという思いをもつ投資家は意外に多く、それがインパクト投資という積極性のあるムーブメントを後押ししているのだと感じています。

インパクト投資の本場というべき欧州で都市部を歩いていると、古い建物や歴史的な街並みが大切にされているのに気づかされます。そういう部分で、もしかしたら京都に関心をもつ人たちと共通するものが何かあるのかもしれません。

インパクト不動産投資とは

「インパクト投資」という言葉は実は、２００７年に米国のロックフェラー財団が、金融機関・慈善事業・開発の各分野のリーダーを集め、環境面・社会面のインパクトを創出するための投資の在り方などを議論する会合を、イタリア北部のコモ湖畔にある高級リゾート地・ベラジオ（ベッラージョ）で開催した際に使ったのが最初だとされます。

その2年後の2009年には、英国モニター・インスティテュートが、インパクト投資は、金銭的リターンとインパクト（環境・社会的インパクト）を同時に目指す投資であるとして、縦横の2軸の図で表現しました。

インパクト投資もESG投資も、サステナビリティ（持続可能性）やレスポンシビリティ（責任・責務）の実現を目指します。また財務的リターンとの両立を目指します。その意味では共通する基盤をもちます。

インパクト投資はESG投資と同じように、不動産投資にも当てはまります。国土交通省のホームページに、2019年にUNEP FIの不動産ワーキンググループの顧問がまとめた資料があり、まさに「インパクト不動産投資について」と題されています。この資料のなかでは一例としてロンドンの大規模再開発が紹介されており、キングスクロス駅周辺27万平方メートル超の工業跡地を、サステナビリティに配慮した商業・住居・オフィス・大学・公園などの複合施設へ再開発する内容が示されています。

【Hermesなどによるロンドンの大規模再開発事例】

①環境配慮の取り組み

・オフィス棟はすべてBREEAM取得
・中央集約による省エネルギー
・埋立処理の廃棄物をゼロとする目標設置
・太陽光発電　・屋上緑化　・900台分の駐輪場

②歴史的建物の保存

③社会経済的便益

・建設トレーニング・センターにより、600人の職業訓練、450人の全国職業資格（NVQ）取得達成、周辺地域の雇用増加は5年間で50％（ロンドン平均18％）

④社会的便益

・９００の住宅新設のうち36％がアフォーダブル（ロンドン平均25％）
・６００人の若年層＋４２０人の社会人によるボランティアプログラムなどにより
１２５０万ポンドの社会福祉的便益を創出
・26エーカー（全敷地の40％）のオープンな公共スペース

⑤環境的便益

・15のグリーンビル認証（９件でBREEAM "Outstanding", "Excellent"）
・中央エネルギーセンターにより熱の99％をオンサイトで供給し、電力需要の79％をオフセット
・９０００平方メートルの屋上緑化、２８０本の植樹

これほど大規模なものだとさすがに感覚がかけ離れていて想像しにくいのですが、ヒントにできるところはあります。私が興味深かったのは「９００台分の駐輪場」というところでした。駐車場ではなく駐輪場というところが環境配慮だというわけですが、私の会社

でも物件や取引先業者まわりに自転車をよく使いますので、親近感が湧きます。その意味では確かに、私の会社に限らずとも、多くの市内の会社は自転車をもっと活用できそうですし、京都市内に住んでいて勤め先も市内だという人は、ほとんどの場合は自転車通勤が可能なわけですから、これは物件開発においても考えてみる余地がある要素です。

自転車を利用しやすい環境を整えることで自転車利用が活発になれば、化石燃料の消費を減らし、大気汚染、騒音、交通事故を減らすことにもつながりそうです。運動不足になりがちな現役世代は自転車移動を健康増進の役に立てることもできますし、自動車の交通量が減ればバスなど公共の交通機関の運行がスムーズになりますから、市バスを生活に欠かせない移動手段としている高齢者たちは助かります。自転車一つについて考えるだけでこれだけ出てくるのですから、ほかにもまだまだできることはたくさんあるはずです。

大切に思う町だからこそ、ESG要素の改善に積極的に介入して開発を進め、ほかに誇れる場所に変えていきたい。それがESG不動産投資のさらに先にあるインパクト不動産投資の形なのかもしれません。

おわりに

関係者全員のＷｉｎ－Ｗｉｎを目指して、難しいからこそ挑戦する価値がある

私たちがＥＳＧという言葉に着目し始めたのは、およそ3年前のことで、ベラジオシリーズというブランドを再定義・再構築しようとするなかで、京都市や建築士、そしてほかのデベロッパーたちの取り組みのなかに、ＥＳＧへの取り組みが（ＥＳＧとは認識していなかったかもしれませんが）、すでに存在していることに気づいたからです。私たちが行っているＥＳＧ対応物件の開発は、そうしたすでにバラバラに存在していたＥＳＧに親和的な取り組みを集約させることから始まり、さらにそれらを発展させることに時間を費やしてきました。

ＥＳＧ不動産投資は、脱炭素に向けた省エネ・再エネの実現などの環境対策や、周辺環境の保全、人権尊重といった社会課題に取り組むためにますます重要になります。

一方で、投資である以上は法律や条例との整合性、品質とリターンのバランス、地域や地球環境への長期的な影響などさまざまな課題が生じる可能性があります。

私たちはこれらの課題を私たちだけで解決しようとするのではなく、関係各所や投資家の皆さまとともにエンゲージメント（結びつき）を高めることが重要だと考えています。関係者全員のＷｉｎ－Ｗｉｎを目指すことは決して容易なことではありませんが、かといって最初から諦める必要もありません。難しいからこそ挑戦する価値があり、社会に新たなイノベーションをもたらすことができるはずです。

これから私たちが開発するＥＳＧ対応物件や各種メディア、書籍を通じて私たちの取り組みに注目していただき、ともにニューノーマルな時代の新しい不動産投資のあり方を実践していただけたら幸いです。

八尾 浩之（やお・ひろゆき）

大手不動産会社に10年以上勤務し、多種多様な不動産関連商品の開発販売を手掛ける。1992年に日本ホールディングス株式会社の設立に参加。2011年、代表取締役に就任。近畿中高層不動産協会監事。顧客最重要の姿勢を貫き、京都の不動産投資会社を牽引している。著書に『誰も知らない京都不動産投資の魅力』『なぜ、富裕層は京都に投資用マンションを買うのか』（いずれも幻冬舎メディアコンサルティング）がある。

本書についての
ご意見・ご感想はコチラ

ESG不動産投資

2023年2月27日　第1刷発行

著　者　　八尾浩之
発行人　　久保田貴幸

発行元　　株式会社 幻冬舎メディアコンサルティング
〒151-0051　東京都渋谷区千駄ヶ谷4-9-7
電話　03-5411-6440（編集）

発売元　　株式会社 幻冬舎
〒151-0051　東京都渋谷区千駄ヶ谷4-9-7
電話　03-5411-6222（営業）

印刷・製本　中央精版印刷株式会社
装　丁　　秋庭祐貴

検印廃止

Printed in Japan
ISBN 978-4-344-94164-9 C0033
幻冬舎メディアコンサルティングＨＰ
https://www.gentosha-mc.com/